KB267813

초등 IB 이렇게 시작합니다

초등 IB 이렇게 시작합니다

초판 1쇄 인쇄 2026년 3월 11일
초판 1쇄 발행 2026년 3월 18일

지은이 김한옥·이현민

발행인 장상진
발행처 (주)경향비피
등록번호 제2012-000228호
등록일자 2012년 7월 2일

주소 서울시 영등포구 양평동 2가 37-1번지 동아프라임밸리 507-508호
전화 1644-5613 | **팩스** 02) 304-5613

ⓒ김한옥·이현민

ISBN 978-89-6952-652-6 03370

초등 IB 이렇게 시작합니다

김한옥 · 이현민 지음

경향BP

오랜만에 다시 만난 선배는 학생이 되어 있었습니다. 서울교대 시절, 늘 열정으로 가득한 선배였습니다. 후배인 저는 그 모습을 먼 발치에서 바라보곤 했습니다. 세월이 흘러 저는 교대 교수가 되었고, 선배는 30년 넘게 교실을 지킨 교감 선생님이 되었습니다.

어느 날 IBEC 강의실에서 우리는 다시 만났습니다.

"후배, 나 다시 배우러 왔어."

50이 넘은 나이, 교감이라는 위치에 있으면서도 선배는 학생이 되어 제 강의실에 앉아 있었습니다. 그 모습을 보며 저는 깨달았습니다. 진짜 교육자는 나이와 직위를 넘어 배움을 멈추지 않는 사람이라는 것을…

30년 넘게 초등 교실을 지키며 선배가 품어 온 질문들은 분명했습니다.

어떻게 하면 아이들이 배움을 즐길 수 있을까? 어떻게 하면 사교육 없이도 아이들의 진짜 실력을 키울 수 있을까? 어떻게 하면 교사도, 학부모도, 아이도 모두 행복한 교육을 만들 수 있을까?

그 질문들이 선배를 다시 학생으로 만들었고, 그 탐색의 결과가 바로 이 책입니다.

20년 넘게 국어교육을 연구하며 제가 확신하게 된 것이 하나 있습니다. 교육의 본질은 '소통'이라는 사실입니다. 교사와 학생의 소통, 학생과 텍스트의 소통, 학생과 세상의 소통. 진짜 배움은 이 소통이 살아 있을 때 비로소 시작됩니다.

그러나 지금 우리의 교실을 돌아보면 이 소통이 점점 사라지고 있습니다. 교사는 진도에 쫓기고, 아이들은 문제 풀이에 매몰되며, 부모는 성적 앞에서 불안해합니다. 정작 '왜 배우는가?', '어떻게 함께 성장할 것인가?'에 대한 대화는 뒷전으로 밀려났습니다.

이 책을 읽으며 제가 가장 반가웠던 이유가 바로 여기에 있습니다. 이 책에는 소통이 살아 숨 쉬는 교실이 있습니다. 아이들의 질문에 귀 기울이는 교사, 아이들의 생각을 기다려 주는 교사, 정답을 주기보다 아이들과 함께 답을 찾아가는 교사들을 통해 아이들은 스스로 세상과 소통하는 법을 배워 갑니다.

이 책이 말하는 IB(International Baccalaureate, 국제 바칼로레아) 또한 거창한 제도나 특별한 프로그램이 아닙니다. IB는 질문하고, 대화하고, 함께 이해를 만들어 가는 배움의 태도입니다. 한글 교육 역시 글자를 익히는 데서 멈추지 않고, 언어를 통해 생각을 나누고 세상과 대화하는 과정으로 확장됩니다. 탐구 학습은 지식을 전달받는 수업이 아니라 질문과 소통을 통해 의미를 구성해 가는 시간입니다.

이 모든 배움은 초등 1학년에서 시작됩니다.

수많은 연구가 말해 줍니다. 1학년 시기의 언어 경험과 배움의 기억이 평생의 문해력과 학습 태도를 좌우한다는 것을…. 이 시기에 아이가 '배움은 즐거운 것', '질문은 환영받는 것', '생각은 존중받는 것'을 경험하면 그 아이는 평생 배움을 두려워하지 않습니다.

반대로 이 시기에 배움이 의무가 되고, 답이 하나뿐이며, 틀림이 두려운 경험으로 남는다면 아이는 학년이 올라갈수록 배움의 의미를 잃어 갑니다.

교육 현장에서 이 차이를 지켜본 한 교사도 변화를 선택했습니다. 다시 배우고, 교실을 바꾸고, 그 경험을 다른 사람들과 공유하기 위해 이렇게 책으로 정리했습니다.

이 책에는 이론보다 현장의 언어가, 추상보다 구체적인 실천이 담겨 있습니다. 3월의 적응에서 2월의 성찰까지, 한글 탐구에서 지구 시민 교육까지, 교실에서 시작해 가정으로 이어지는 365일의 여정 속에 '내일 아침 교실에서', '오늘 저녁 우리 집에서' 바로 실천할 수 있는 장면들이 차분히 펼쳐집니다.

50이 넘어서도 배움의 길을 걷는 선배 교육자와 1학년 교실에서 아이들의 평생 배움을 위해 고군분투하는 교육자의 뒷모습을 보며 저는 다시 한 번 확신합니다. 교육은 완성이 아니라 과정이며, 교사는 가르치는 사람인 동시에 배우는 사람이라는 것을….

이 책은 화려한 이론서가 아닙니다. 매일 아침 교실 문 앞에서 고민하는 교사의 마음이고, 저녁 식탁에서 아이를 바라보는 부모의 질문이며, 그 질문에 대한 오랜 현장의 성찰입니다.

초등 1학년은 배움이 즐거운 기억이 될지, 두려운 기억이 될지를 처음으로 배우는 시간입니다. 그 시작을 어떻게 열어 줄 것인가에 대한 성실한 대답이 이 책에 담겨 있습니다.

이 책을 초등 1학년을 맡은 모든 교사, 그리고 아이의 첫 학교생활을 앞둔 모든 부모에게 자신 있게 권합니다. 1학년이 아니라도 괜찮습니다. 초등 고학년이라 하더라도 교사와 부모가 더 늦기 전에 아이들에게 배움의 즐거움을 알려 주기 바랍니다.

IB를 이미 알고 있든, 아직 낯설게 느끼든 상관없습니다. 이 책은 제도를 설명하는 책이 아니라 아이와 마주 앉아 어떻게 질문하고, 어떻게 기다리고, 어떻게 함께 성장할 것인가를 구체적으로 보여 주는 책이기 때문입니다. 교사에게는 교실을 다시 바라보는 용기를, 부모에게는 아이의 배움을 믿고 지켜볼 수 있는 기준을 건네줄 것입니다.

이향근(서울교육대학교 국어교육과 교수)

"엄마, 나는 왜 학교에 가야 해요?"

입학을 한 달 앞둔 아이가 던진 질문에 학부모님은 말문이 막혔습니다.

"공부해야 나중에 좋은 대학 가지."

"친구들 만나려고…."

어떤 대답도 아이를 설득할 수 없었습니다.

교육 현장에서 아이들과 호흡하고 있는 저희들 역시 같은 질문 앞에서 고민했습니다.

'왜 배워야 하는가?'

'학교는 무엇을 가르치는 곳인가?'

'1학년 담임으로서 나는 무엇을 해야 하는가?'

그 답을 찾기 위해 기꺼이 다시 학생이 되어 배움의 길로 들어섰습니다. 그리고 IB 교육을 만났습니다.

아이들은 원래 배우고 싶어 합니다!

IB 교실에서 가장 먼저 발견한 것은 이것이었습니다. 아이들은 원래 호기심으로 가득 차 있고, 질문하고 싶어 하고, 탐구하고 싶어 합니다.

변화는 생각보다 빨리 왔습니다.

3월, 학교 가기 싫다며 울던 우정이.

5월, "선생님, 오늘 우리 반 친구들한테 쓰레기 분리수거 알려 줬어요."

6월, "엄마가 시키는 대로만 해요."라던 사랑이.

11월, "제가 계획표 만들어서 공부했어요. 시간을 지키니까 뿌듯해요."

학년을 정리하는 2월, 아이들이 남긴 성장 일기 속에서 아이들의 눈부신 성장을 마주하며 깊은 울림을 느꼈습니다.

"1학년 때 처음으로 내가 생각한 걸 말해도 된다는 걸 알았어요."

"실패해도 괜찮다는 걸 배웠어요."

그런데 더 놀라운 일은 부모님들의 변화였습니다.

3월 학부모 상담에서 "선생님, 한글 떼는 게 늦는 거 아닌가요?", "다른 아이들은 벌써 받아쓰기 시험 본다던데요."라며 불안한 눈빛으로 말씀하시던 부모님들이 12월이 되자 이렇게 말씀하셨습니다.

"아이가 스스로 책을 찾아 읽어요."

"질문이 많아져서 대화가 즐거워요."

무엇이 아이들을 달라지게 했을까요? 학교에서의 IB 교육뿐만 아니라 가정에서도 변화의 발걸음을 함께해 준 덕분입니다.

이 책은 크게 세 부분으로 나뉩니다.

'Part 1. Why IB?'에서는 IB가 무엇이며, 왜 1학년부터 시작해야 하는지를 다룹니다. 특히 학부모님들이 가장 궁금해하는 IB의 오해와 진실을 정리했습니다.

'Part 2. How to IB?'는 이 책의 핵심입니다. 3월부터 다음 해 2월까지 365일을 4단계로 나누어, 각 시기마다 교실과 가정에서 무엇을 어떻게 실천할 수 있는지를 구체적으로 담았습니다.

[1단계] 적응과 발견(3~5월) : 학교 적응, 한글 탐구, 첫 액션의 시작

[2단계] 탐구와 표현(6~8월) : 자기주도학습, 소통, 놀이를 통한 배움

[3단계] 심화와 확장(9~11월) : 개념 기반 학습, 생활 설계, 지구 시민 의식

[4단계] 성찰과 전환(12~2월) : 메타인지, 성장 기록, 다음 학년 준비

책 곳곳에 교사의 생생한 성찰과 현실적인 조언을 담았습니다.

또한 가정에서도 변화를 이어 갈 수 있도록 '가정에서 함께하는 초등 IB 실천 가이드'를 엄선하여 수록했습니다. 학교에서 배운 내용을 가정에서 어떻게 연결하고 확장할 수 있는지, 바로 실천할 수 있는 활동들입니다.

'Part 3. By IB'에서는 IB 교육이 지향하는 '평생학습자'로 아이를 키우는 마음가짐을 나눕니다.

꼭 IB 학교가 아니어도 괜찮습니다. 이 책의 모든 활동은 일반 학급과 가정에서도 충분히 실천할 수 있습니다. 거창한 준비가 필요한 것이 아니라 아이를 바라보는 시선과 질문하는 방법을 조금만 바꾸면 됩니다.

IB 교육은 특별한 아이들만을 위한 것이 아닙니다. 모든 아이가 가진 잠재력을 깨우는 교육입니다. 거창한 준비가 필요한 것도 아닙니다. 오늘 저녁, 아이에게 "오늘 뭐 했어?" 대신 "오늘 뭐가 궁금했어?"라고 묻는 것부터 시작할 수 있습니다.

이 책이 교실과 가정을 연결하고, 교사와 학부모가 함께 아이를 키우는 데 작은 도움이 되기를 바랍니다. 무엇보다 우리 아이들이 평생 배우고 성장하는 사람으로 자라기를 진심으로 응원합니다.

김한옥·이현민

차례

Part 1
Why IB?
공교육의 해답, 왜 1학년에서 IB인가?

Chapter 1　공교육의 혁신, IB에서 답을 찾다
－ 사교육 없이 '진짜 실력'을 키우는 힘

Chapter 2　초등 6년을 결정하는 1학년의 힘
－ IB 철학으로 여는 첫 교실

Part 1

Why IB?
공교육의 해답,
왜 1학년에서 IB인가?

공교육의 혁신,
IB에서 답을 찾다

- 사교육 없이 '진짜 실력'을 키우는 힘

1학년이기에 더 중요한 시작 : 개정교육과정과 IB의 만남

2024년 8월, 새학기 준비로 모인 선생님들과의 회의 시간이다.

"선생님, 2학기부터 우리 학교가 IB후보학교를 시작하려고 합니다. 선생님들의 생각은 어떠세요?"

교감 선생님의 말에 순간 회의실이 술렁였다. 한 선생님이 걱정스럽게 말했다.

"IB는 영어로 하는 거 아니에요? IB의 핵심은 개념 기반 탐구 학습으로 알고 있는데, 한글도 모르는 1학년이 무슨 탐구를 해요?"

다른 선생님도 걱정하는 목소리로 물었다.

"그러게요. 한글도 가르쳐야 하고, 덧셈 뺄셈도 가르쳐야 해서 벅찬데 아이들과 탐구할 여유가 있을지 걱정부터 되네요."

그때 6월에 IBO에서 주최하는 PD 연수를 다녀온 1학년 부장 선생님이 조심스럽게 말했다.

"IB는 특별한 프로그램을 하는 게 아니라 우리가 하던 수업을 조금 다르게 접근하는 거였어요. 교사와 학생들이 질문하는 방식을 바꾸는 것부터 시작하는 거죠."

반신반의하며 2024년 9월을 맞았다. 그리고 1년이 지난 지금, 우리는 확신을 갖고 말할 수 있다. IB 학급경영은 한국 교육을 버리는 것이 아니라 한국 교육의 장점 위에 새로운 가능성을 더하는 것이라고….

IB와 개정교육과정 : 두 날개로 아이를 키운다

2025년 3월, 입학식 학부모 설명회에서 한 어머님이 조심스럽게 말씀하셨다.

"선생님, IB 한다고 하니까 걱정이 많아요. IB 하면 한글은 언제 배우나요? 받아쓰기도 안 한다면서요?"

옆자리의 다른 학부모도 같은 걱정이었다.

"그러게요. 영어로 수업한다는 얘기도 있던데…. 우리 애는 영어 한마디도 못하는데 어떡하죠?"

교무실에서도 비슷한 대화가 오갔다.

"교감 선생님, IB 하면 교육과정은 어떻게 되는 거예요? 1학년은 3월에 선긋기, 한글 자모음부터 가르쳐야 하는데, 탐구를 한다고 진도가 늦어지면 어떡하죠?”

우리의 교육과정 : 아이를 이렇게 키우고 싶다

많은 학부모와 교사들이 IB를 하면 한국 교육과정을 포기해야 한다는 오해를 한다. 학부모들은 학생의 학습이 뒤처질까 걱정하고, 교사들은 교육과정 진도와 새로운 학습 방법에 대해 불안해한다. 하지만 사실은 정반대다. IB는 2022 개정교육과정이 추구하는 이상을 실현하는 구체적인 방법론이다.

2022 개정교육과정을 살펴보면, 우리나라 교육이 어떤 사람을 기르고자 하는지 분명하게 나타난다. 첫째는 ‘자기주도적인 사람’으로 스스로 계획하고 실천할 수 있는 사람이다. 둘째는 ‘창의적인 사람’으로 새로운 생각을 하고 문제를 독창적으로 해결하는 사람이다. 셋째는 ‘교양 있는 사람’으로 다양한 분야의 지식과 문화를 이해하는 사람이다. 넷째는 ‘더불어 사는 사람’으로 다른 사람을 배려하고 함께 살아가는 사람이다.

이런 인간상을 실현하기 위해 교육과정은 6가지 핵심 역량을 제시한다. 자기관리 역량은 스스로를 돌보고 계획하는 힘이다. 지식정보처리 역량은 필요한 정보를 찾고 활용하는 힘을 말한다. 창의적 사고 역량은 틀에 박히지 않고 새롭게 생각하는 힘이며, 심미적 감성 역량은 아름다움을 느끼고 표현하는 힘이다. 의사소통 역량은

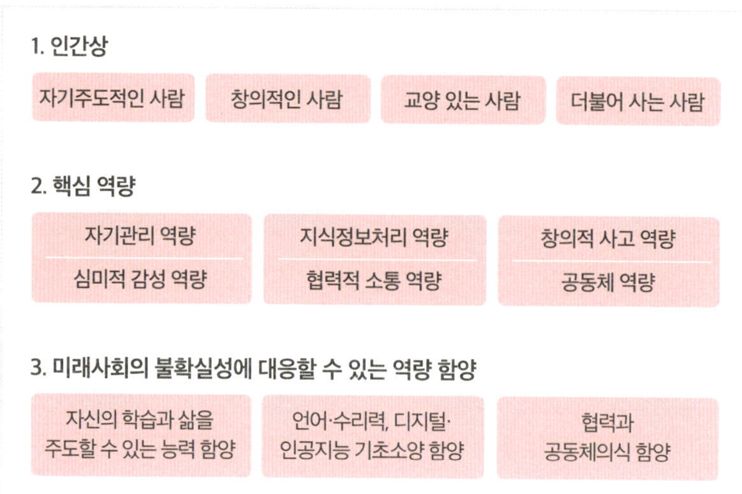

출처 : 교육부(2022), 2022 개정교육과정 홍보 리플릿

자신의 생각을 전달하고 다른 사람의 이야기를 들으며 대화하는 힘이고, 공동체 역량은 서로 도우며 함께 살아가는 힘을 뜻한다. 쉽게 말해, 아이가 혼자서도 잘 살고, 남과도 잘 어울리며, 빠르게 변하는 세상에 적응할 수 있는 능력을 기르자는 것이다.

IB는 낯선 교육이 아니다
: 우리 교육과 닮은 철학

◆ IB 학습자상(Learner Profile) ◆

IB 교육의 목표이자 중점이 되는 학습자 특성(역할)

출처 : 서울 미래형 학교 교육 체제 구현 기반 강화를 위한 (KB) 2025 (IB) 국제바칼로레아 프로그램 운영 계획

놀랍게도 이는 IB가 추구하는 인간상과 정확히 일치한다. IB는 학습자상(Learner Profile)이라는 이름으로 10가지 자질을 제시하는데, 이것이 우리나라 교육과정의 핵심 역량과 거의 같은 내용을 담고 있다. 예를 들어, IB의 '탐구하는 사람'은 호기심을 갖고 스스로 질문하며 배우는 사람을 말한다. 이는 우리 교육과정의 창의적 사고 역량, 즉 새로운 아이디어를 만들어 내는 능력과 같은 맥락이다.

또한 IBO의 공식문서에 의하면 IB의 '지식이 풍부한 사람'은 다양한 분야를 이해하고 정보를 활용할 줄 아는 사람으로 우리의 지식정보처리 역량과 연결된다. '사고하는 사람'은 논리적으로 분석하고 판단하는 사람으로 비판적 사고력을 강조한다. '소통하는 사람'은 여러 언어와 방법으로 자신을 표현하고 다른 사람을 이해하는 사람으로 우리 교육과정의 의사소통 역량과 똑같은 개념이다.

이외에도 IB는 '균형 잡힌 사람', '배려하는 사람', '열린 마음을 가진 사람' 등을 통해 우리의 공동체 역량과 심미적 감성 역량을 포함한다. 결국 2022 개정교육과정과 IB는 기르고자 하는 인간상에서 놀라울 정도로 일치한다. 단지 표현하는 방식과 용어가 다를 뿐 21세기를 살아갈 아이들에게 필요한 능력은 동서양을 막론하고 비슷하다는 것을 보여 준다.

차이는 방법일 뿐 본질은 같다

2022 개정교육과정과 IB 교육과정의 가장 큰 차이는 '무엇을' 가

르치느냐가 아니라 '어떻게' 가르치느냐에 있다. 2022 개정교육과정이 도달해야 할 목표를 제시한다면, IB는 그 목표에 도달하는 구체적인 길을 보여 준다. 쉽게 비유하자면, 한국 교육과정이 "창의적인 아이로 키우세요."라는 목적지를 알려 준다면, IB는 그곳까지 가는 상세한 지도와 교통수단을 제공하고 있는 셈이다.

이러한 IB 교육의 핵심에는 UOI(Unit of Inquiry, 탐구 단위)와 ATL(Approaches to Learning, 학습 방법)이 있다. UOI는 하나의 주제를 중심으로 여러 교과 내용을 통합해 학생들이 스스로 질문을 만들고 탐구하면서 배우게 하는 단위이다. ATL은 학생들이 이런 탐구 과정에서 자연스럽게 익혀야 할 자기관리, 협력, 소통, 조사, 비판적 사고력 같은 '학습 기술'과 '태도'를 의미하며, 실제 수업 속에서 반복적으로 연습하고 성장할 수 있게 한다.

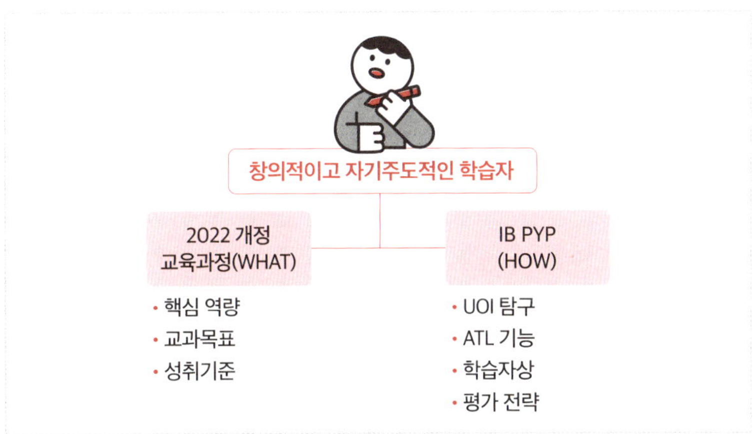

예를 들어, '환경을 지키자'라는 주제 아래 과학 시간에는 쓰레기가 자연에 미치는 영향을 실험하고, 사회 시간에는 지역의 분리수거 현황을 조사하며, 국어 시간에는 환경 보호에 관한 생각을 글로 쓰고, 미술 시간에는 관련 포스터를 만들어 볼 수 있다.

이 모든 과정을 통해 학생들은 주제에 대한 폭넓은 시각과 깊이 있는 사고력을 기를 수 있다. 그리고 이 과정 속에서 ATL 역량이 자연스럽게 길러진다. 학생들은 조사 계획을 세우고 시간과 자료를 관리하면서 자기관리 능력을 키우고, 친구들과 팀을 이루어 탐방이나 프로젝트를 하면서 협력과 의사소통 능력을 익히며, 실험 결과나 조사 내용을 바탕으로 환경 보호 방안을 고민하는 과정에서 비판적 사고력과 창의성을 함께 성장시키게 된다.

이처럼 IB는 학습목표에 도달하는 데 그치지 않고, 학생들이 꼭 갖춰야 할 핵심 역량까지 함께 성장할 수 있도록 다양한 방법을 제시하고 있다. 이러한 과정을 통해 학생들은 단순한 지식 습득을 넘어, 스스로 배우고 생각하며 변화할 수 있는 진짜 주인공으로 거듭나고 있다.

더 넓은 세상으로 나아가는
배움에 두 날개를 달다

결국 IB로 디자인하는 학급경영은 한국 교육과정의 이상을 교실에서 구현하는 실천적 방법론이다. 국가 수준 교육과정의 내용을 충실히 다루면서도, IB의 탐구 중심 접근법으로 더 깊이 있는 학습을 가능하게 한다.

IB는 '홍익인간'이라는 우리의 오랜 교육 이상을 21세기 교실에서 실현하는 방법론이다. 한글을 배우며 언어의 아름다움을 탐구하고, 수를 익히며 논리적 사고를 기르고, 우리 동네를 배우며 공동체 정신을 함양한다. 그리고 이 모든 배움이 '나'를 넘어 '우리', 더 나아가 '세상'을 이롭게 하는 데 쓰이도록 이끈다. 이것이 바로 IB가 추구하는 교육이자, 우리가 오래전부터 꿈꿔 온 홍익인간 교육의 현대적 실천이라 말할 수 있다.

교사의 역할은 비계 설정자

이러한 접근은 구성주의 교육학자 비고츠키(Vygotsky, 1978)의 '근접발달영역(Zone of Proximal Development)' 이론과 맥을 같이한다. 비고츠키는 아이가 혼자서는 할 수 없지만, 더 유능한 타인(교사나 또래)과의 상호작용을 통해 할 수 있게 되는 영역이 존재한다고 보았다. 바로 이 영역에서 진정한 학습이 일어난다는 것이다.

구체적인 예를 들어, 수학 시간에 '1+1=2'를 가르칠 때를 생각해 보자. 전통적인 방식이라면 교사가 개념을 설명한 뒤 아이들이 정확히 계산할 수 있도록 반복적인 연습 문제를 제시했을 것이다. 하지만 IB 접근법에서는 "블록 하나와 하나를 합치면 어떻게 될까?"라는 질문으로 시작한다. 아이들은 실제로 블록을 만지고, 움직이고, 세어 보면서 스스로 수의 개념을 구성해 간다. 어떤 아이는 "하나, 둘!"이라고 세며 답을 찾고, 다른 아이는 "많아졌어요."라고 표현할 수도 있다. 모든 표현이 인정받고, 그 과정에서 아이들은 자신만의 이해를 만들어 간다.

더하여 IB 학급경영에서 교사는 지식의 전달자가 아닌 '비계 설정자(scaffolder)'가 되어, 학생들이 현재 수준에서 한 단계 더 높은 이해에 도달할 수 있도록 적절한 지원을 제공한다. 예를 들어, 아이가 '10+10'을 어려워할 때 "5+5는 어떻게 할 수 있었지?"라는 힌트를 주어 기존의 경험과 연결하도록 돕거나, 구체적인 조작물을 제공해 시각적으로 이해할 수 있도록 지원한다.

아이가 주인공이 되는 순간

무엇보다 중요한 차이는 결과보다 과정을 중시한다는 점이다. 받아쓰기 100점보다 "오늘 새롭게 알게 된 글자로 무엇을 표현하고 싶니?"라는 질문이 더 중요하다. 그리고 이 모든 과정을 포트폴리오에 담아 성장의 흔적을 기록한다. 조용한 교실보다는 활발한 대화가 오가는 교실, 혼자 공부하는 것보다 친구들과 협력하며 배우는 교실을 지향한다.

핵심은 '학생 주도성(Student Agency)'이다. 1학년도 충분히 자신의 학습에서 주인이 될 수 있다.

진짜 배움은 주도성에서 시작한다

1학년이라도, 아니 1학년이기 때문에 더 강하게, 더 자연스럽게 자신만의 질문, 자신만의 배움을 시작할 수 있다.

IB 학급경영은 특별한 프로그램이 아니라 '아이를 신뢰하고, 스스로 배울 힘을 길러 주는' 따뜻하고 단단한 관점의 변화에서 출발한다.

Chapter 2

초등 6년을 결정하는 1학년의 힘

- IB 철학으로 여는 첫 교실

'처음'이 만든다 :
학습 태도와 자기조절력의 기초

첫 발자국이 남기는 배움의 향기

초등학교 개학 첫날 교실, 아직 책가방이 자기 키만큼 커 보이는 아이들이 조심스레 의자에 앉는다. 설렘과 두려움이 뒤섞인 얼굴들 속에서 배움의 첫 장이 열리고 있다. 초등 1학년 아이들에게 학교는 '지식의 세계'라기보다 '세상과의 첫 만남'이다.

1학년 교실은 단순히 공부가 시작되는 공간이 아니다. 이곳은 배움의 감정, 즉 '내가 배우는 일을 좋아할 수 있을까?'를 결정짓는 심리적 출발선이다. 교사가 아이를 맞이하는 표정, 교실 속 대화의 온도, 하루의 리듬이 아이의 평생 학습 태도를 빚는다. 첫인상이 즐겁고 따뜻하다면 그 기억은 평생 학습의 씨앗이 되지만, 차가운 경험은 학습에 대한 문을 닫게 만든다. 따라서 1학년 교실은 '공부의 시작점'보다는 '배움의 감정이 태어나는 자리'여야 한다.

처음 학교를 경험하는 아이에게 "너는 이미 잘하고 있어."라는 한마디는 단순한 격려가 아니다. 이 말은 한 아이의 마음속에 자신을 신뢰하는 감정, '배움의 즐거움'을 심는 첫 씨앗이다. 이 감정이 따뜻하게 자리 잡을 때 아이는 이후 어떤 어려움 속에서도 스스로 배우려는 내적 동기를 유지한다.

수많은 연구가 보여 주듯 학습의 지속성은 인지 능력보다 정서적 안정감과 자기효능감에 더 의존한다. '나는 실패해도 괜찮고, 다시 도전할 수 있다.'는 신념이 생기는 아이만이 진정한 평생학습자(Lifelong Learner)로 성장할 수 있다.

'작은 선택'에서 자라는 자기주도성

자기주도학습은 '스스로 공부한다.'는 표면적 의미를 넘어 자신의 사고를 신뢰하고 자신이 배움의 주체임을 깨닫는 데서 출발한다. 이때 교사의 핵심 역할은 '적절한 물러섬'이다. "오늘은 이걸 그릴 거예요." 대신 "가을 운동회에 대해 여러분은 어떤 걸 그리고 싶나요?"라고 묻는 순간 배움의 방향은 교사에서 아이로 옮겨 간다. 이 질문 하나가 아이에게 '나는 선택할 수 있는 사람이다.'라는 감정을 준다. 이 경험이 누적될수록 아이는 배움의 주체로서 자신을 인식하고, 그 안에서 내적 동기가 만들어진다.

하지만 자유만으로는 자기주도성이 자라지 않는다. 아이들이 스스로 선택한 일에 책임을 지고, 어려움을 해결하는 경험이 뒤따라야 한다. 교사는 그 옆에서 넘치지 않게 돕고, 과정의 의미를 함께 짚어 주는 돋보기 역할을 해야 한다.

이는 단순히 '학생 중심 수업' 그 이상이다. 아이의 실수조차 존중하는 태도, 실패를 성장의 과정으로 보는 시선이 필요하다. 배움 성찰 공책 맨 끝에 이렇게 쓴 한 아이의 문장은 이를 잘 보여 준다.

"오늘 내가 제일 잘한 건, 누가 시키지 않았는데 모둠 활동에서 내가 할 역할을 먼저 말한 거다."

이 말에는 자기주도적 배움의 본질이 담겨 있다. 스스로 선택한 배움은 작더라도 오래간다.

놀이에서 탐구로, 자연스러운 성장의 다리 놓기

1학년의 놀이 시간은 단순한 휴식이 아니다. 놀이는 아이가 세상을 이해하고 개념을 만들며 사고의 구조를 세우는 본능적 학습 과정, 배움의 언어이다. 그러나 그저 시간을 소비하는 놀이로 끝나는 순간, 배움의 기회는 사라진다. 교사의 역할은 놀이 속에 탐구의 실마리를 심는 것이다.

컵 쌓기 놀이 중 "어떤 탑은 왜 금세 무너질까?"라는 물음 하나가 생기면, 그 순간 놀이는 과학이 되고, 아이는 단순한 손의 놀이를 넘어 '탐구하는 사람'으로 자라난다. '무너진 탑'을 함께 살펴보며 무게중심을 이야기할 때 아이들은 물리 개념을 체험적으로 익힌다. 이것이 바로 IB가 강조하는 '탐구 중심 학습'의 출발점이다. 탐구는 인위적인 프로젝트가 아니라 아이의 생활과 사고 속에서 언제든 피어날 수 있다.

1학년 교실에서 배우는 배움은 이처럼 일상의 연장일 때 가장 강력한 힘을 발휘한다. 교사가 놀이의 연속선 위에 탐구를 하고, 그 과정에서 아이와 함께 웃을 때 교실은 '따뜻한 질문의 공간'이 된다.

교사는 첫 단추를 꿰는 재봉사이다

1학년을 지도하는 교사는 한 해 동안 아이의 미래를 꿰매는 재봉사와 같다. 느슨하게 시작된 실이지만 한 땀 한 땀 정성으로 이어 붙이면 단단한 배움의 옷이 완성된다. 아이들의 눈빛에서 두려움이 기대감으로 바뀌는 순간, 교사는 '첫 단추를 제대로 끼웠다.'는 확신을 얻게 된다.

학습의 방향은 교사의 말로 정해지지 않는다. 그보다 더 깊이 교사의 태도와 시선, 그리고 따뜻한 믿음이 아이의 마음에 각인된다. 교실의 하루는 짧지만 그 하루가 만든 기억은 길다. 아이가 언젠가 스스로 목표를 세우고, 어려움을 스스로 해결하며, 배움을 즐길 줄 알게 된다면 그 시작은 바로 지금 이 순간, 1학년 교실의 작은 첫걸음일 것이다.

처음 심은 배움의 씨앗은 봄을 지나 여름과 가을을 품으며, 언젠
가 그 아이의 삶 속에서 '스스로 배우는 나무'로 자라날 것이다. 그
래서 1학년의 '처음'은 단순한 시작이 아닌 한 아이의 생애 전체를
비추는 빛이다.

탐구와 관계로 설계하는
1학년 교실

교실 문 앞에서 시작되는 IB의 철학

3월의 새 학기 첫날, 교사는 교실 문 앞에 서서 잠시 숨을 고른다. 복도에는 크고 작은 긴장감이 섞인 발소리가 들린다. 엄마 손을 꼭 잡은 채 눈가가 젖은 아이, 친구와 함께 씩씩하게 걸어오는 아이, 낯선 교실을 신기한 듯 두리번거리는 아이…. 아이들의 표정에는 설렘과 두려움, 기대와 낯섦이 뒤섞여 있다.

교사는 그 모습을 바라보며 매번 같은 확신을 얻는다. 교육은 교실 문을 여는 순간부터 이미 시작된다는 사실이다. IB 학급경영은 이 첫 순간에 스며든다. 이 철학의 뿌리는 특별한 커리큘럼이 아니라 '관계와 경험을 중심에 둔 배움의 문화'이다. 존 듀이(John Dewey)는 '학교는 사회의 축소판'이라고 했다. 따라서 교사는 교실을 '작은 사회'로 설계해야 한다. 교사의 미소, 첫 인사, 첫 질문이 아이들에게 '학교란 나에게 말을 걸어 주고, 내 이야기를 들어주는 곳'임을 알려 주는 순간이다.

'첫 단추의 교육'이란 표현은 단순해 보이지만, 그 속에는 깊은 의미가 있다. 아이에게 학교는 단순히 지식을 배우는 공간이 아니다. 그것은 '배움의 사회'를 처음으로 경험하는 장소다. 아이가 학교를 따뜻하고 존중받는 공간으로 느낀다면, 그 경험은 평생 배움과 성장에 대한 긍정적 근육으로 남는다. 반대로 그 첫 경험이 차갑고 낯설다면 아이의 마음은 쉽게 닫힌다. 그래서 교사의 '첫 단추'는 커다란 준비물이 아니라 아이가 세상을 향해 나아갈 때 평생 자신을 지탱해 줄 심리적 토대가 되는 마음이다.

교사의 첫 표정, 반가운 목소리, 아이를 향한 따뜻한 눈빛은 "너는 존중받는 존재야.", "이곳은 네가 마음껏 탐구할 수 있는 곳이야."라는 메시지이다. 이 평범한 순간들이 모여 아이 안에 '나는 배우는 사람이며, 존중받는 사람이다.'라는 자아 개념을 심어 준다.

"선생님, IB는 뭐예요?" : 해 보며 배우는 진짜 배움

IB가 처음 도입되던 해에 교사도, 학부모도, 아이들도 같은 질문을 던졌다.

“IB는 영어로 배우는 수업인가요?”

“1학년도 할 수 있을까요?”

낯선 이름과 새로운 시도 앞에서 모두가 막연했다. 하지만 결국 답은 교실에서 아이들이 만들어 간다. 나는 첫해에 아이들에게 이렇게 물었다.

“얘들아, 우리 교실에서도 IB를 해 볼까?”

아이들의 대답은 단순했다.

“좋아요, 재밌을 것 같아요.”

그 짧은 말 속에 IB의 본질이 담겨 있다. 궁금한 건 해 보는 태도, 바로 ‘탐구자(Inquirer)’의 출발이다. IB의 수업은 새로운 개념을 가르치는 일이 아니다. 아이 스스로 궁금해하고, 묻고, 찾아보는 일상 그 자체가 IB적 성장이다.

“궁금한 건 언제든 물어봐도 좋아. 대신 그 답은 우리가 함께 찾아보자.”

놀랍게도 이 약속이 교실의 문화를 바꾼다. 교사의 설명이 중심이던 수업이 아이들의 질문으로 열리고, 생각이 오가는 흐름으로 살아난다. 이때 교사는 지식을 전달하는 안내자가 아니라 아이와 함께 길을 걷는 배움의 동행자가 된다.

“왜요?”, “어떻게요?”, “다르게 해 볼 수도 있나요?” 같은 호기심이 배움의 방향이 되고, 아이들은 어느 샌가 교사의 설명을 기다리기보다 스스로 알아 가는 기쁨을 느끼기 시작한다. IB가 추구하는 탐구 중심 수업이란 지식을 배우는 방식이 바뀌는 것이 아니라 ‘배움의 주인공이 누구인가?’를 바꾸는 일이다.

IB 교실은 개인보다 공동체를 중요시한다. 배움은 경쟁이 아니라 협력 속에서 완성된다. '나의 탐구'를 '우리의 탐구'로 확장시키는 과정이 학급경영의 핵심이 된다. 교실의 궁극적인 목표는 스스로 배우고, 함께 성장하며, 더 나은 세상을 만들어 갈 수 있는 배움의 사람을 기르는 것이다.

1학년 교실에서도 아이들은 '우리 학급의 규칙'을 스스로 만든다. "규칙은 왜 필요할까?"라는 질문에서 시작된 토론 속에서 아이들은 타인의 시각을 이해하고, 책임의 의미를 배운다. 그 약속은 단순한 문장 몇 줄이 아니라 배움을 함께 짓는 계약이 된다.

단원 학습을 마칠 때마다 열리는 '탐구 나눔'에서는 누가 더 잘했는지 평가하지 않는다. '친구의 생각에서 내가 배운 점'을 나누며 성취보다 성찰을, 경쟁보다 배려를 배운다. 아이들은 '서로 다른 생각이 세상을 풍성하게 한다는 사실'을 자연스럽게 터득한다.

이처럼 교실이 하나의 작은 배움의 공동체(Learning Community)로 자라기 위해 가장 중요한 것은 교사의 태도다. IB 교사란 수업을 디자인하는 사람을 넘어, 관계를 엮고 공동체를 설계하는 사람이다. 틀린 답을 틀림으로 여기지 않고, 서로의 다름 속에서 배움을 찾아내는 교실, 그곳이 바로 IB의 철학이 실현되는 장이다.

1학년 교실은 세상의 축소판이다. 아이들은 작은 탐구 속에서 세상을 이해하고, 작은 관계 속에서 서로를 배워 가며 IB가 말하는 '탐구하는 평생학습자'의 기초를 완성한다.

가정과 학교가 연결될 때 배움은 확장된다

질문하는 아이로 세우기 : 호기심이 살아 있는 학습자

아이들은 본래 호기심 가득한 탐구자다. 1학년 교실 속 "선생님, 저 할 말이 있는데요."라는 수많은 질문이 학년이 올라갈수록 감쪽같이 사라진다. IB 교실은 이 사라진 물음의 힘을 다시 일깨운다. 아이의 일상 속 의문 하나가 배움의 출발점이 되는 곳, IB 학급의 모습이다.

어느 날 이소가 다가와 말했다.

"선생님, 친구들이 도서관에 책을 반납하러 가는데 너무 빨리 뛰어요."

학생 주도적 모둠별 협의를 통해 캠페인 문구 결정, 팻말 제작

모둠원들과 팻말 메시지를 바탕으로 캠페인 활동 연습

전교생을 대상으로 캠페인 활동 진행

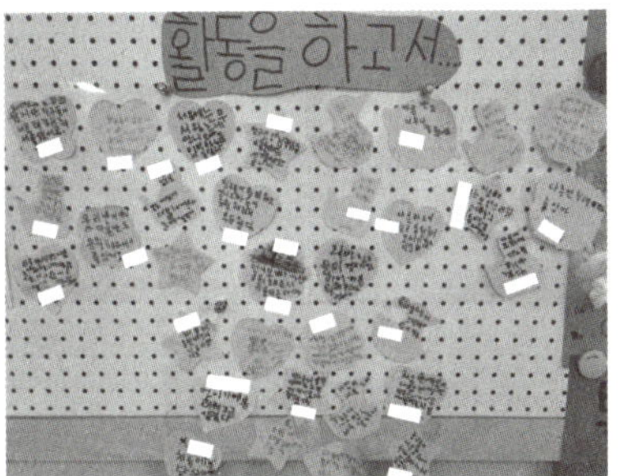

캠페인 활동 후 자신의 역할과 배움을 돌아보며 성찰한 결과를 공유

단순한 불만처럼 들릴 수 있는 말이지만, 교사는 문제해결의 기회로 바꾸어 되묻는다.

"그래? 왜 그걸 이야기해 주고 싶었을까?"

이어지는 대화는 단순히 규칙을 설명하는 것이 아닌, 아이 스스로 문제해결의 주체가 되도록 이끈다.

"그렇다면 우리가 함께 바꿀 방법을 찾아볼까?"

짧은 불만 토로가 '1학년 전체의 문제해결 프로젝트(규칙 지키기 캠페인 활동)'로 이어졌다. 아이 한 명의 문제의식이 교실 문화, 학교 문화를 변화시킨 것이다.

가정에서도 이러한 질문 문화를 이어 가면 아이의 사고는 중단되지 않는다. "그만해. 그냥 하지 마." 대신 "어떻게 하면 다르게 할 수 있을까?"라는 질문을 던지면 아이의 사고는 단절되지 않고 확장된다. 학교가 탐구의 시작점이라면 가정은 탐구의 확장이다. 일관된 질문 문화가 1학년 교실을 배움의 순환 구조로 만든다.

실패를 두려워하지 않는 분위기 만들기 : 성장 마인드셋

IB 교실은 완벽함보다 과정을 가치 있게 여긴다. 한글을 배우던 현도가 '강아지'를 '개아지'라고 썼을 때 "현도야, 왜 그렇게 썼어?"라고 묻자 "그렇게 들려서요."라고 답했다. 현도의 시도는 실패가 아니라 관찰과 추론의 표현이었다. 소리를 문자로 옮기려는 용기 있는 시도를 칭찬하자 현도의 얼굴에 미소가 번졌다. 이 순간이 바로 성장 마인드셋이 길러지는 장면이다.

교사는 아이의 과정을 존중하고, 학부모는 결과보다 배움의 용기를 칭찬한다. 두 공간이 같은 언어로 아이를 바라볼 때 "틀리면 안 된다."가 아닌 "틀려도 괜찮아."라는 메시지가 아이의 마음에 새겨진다.

하버드대 로버트 피안타 교수의 연구처럼 초등학교 저학년 교실 경험의 질은 중·고교의 학습 지속력과 자기효능감과도 연결된다. 그만큼 초등학교 1학년 교사-학생-가정 관계의 단단함이 평생 학습 태도의 기초가 된다.

그래서 나는 '신학년 학부모총회'에서 늘 강조한다.

"결과보다 과정을 칭찬해 주세요. '틀렸네.'보다 '이렇게 생각하게 된 이유가 뭐니?'라고 물어봐 주세요."

'배움 공유의 날'을 통해 학부모는 아이들의 탐구 과정을 직접 확인하고, 학교와 가정을 오가는 '배움 성찰 공책'과 '성찰 통지'로 그간의 탐구 여정을 공유하며, 교사는 아이들이 거친 시도와 성장을 정성껏 설명한다. 이를 통해 가정은 '결과'가 아니라 '성장'을 보게 된다. 탐구와 도전을 학부모와 나누는 문화는 아이에게 '실패해도 나는 지지받는 존재'라는 확신을 심어 준다. 이 확신이야말로 탐구의 지속성을 이끄는 내적 동력이다.

모두가 주인공이 되는 교실 만들기 : 다양성이 존중받는 공동체

1학년 교실은 다양한 배움의 방식이 공존하는 곳이다. 말로 자기 생각을 전하는 아이도 있고, 그림으로, 움직임으로, 혹은 조용한 관찰로 표현하는 아이도 있다. 각자의 방식은 다르지만, 모두 '표현'이다. IB 교실은 '말하기가 어려운 아이에게 다른 길을 열어 주는 곳'이어야 한다.

재윤이는 발표가 너무 두려워 교실 한편에서 매번 울었다.

"괜찮아. 선생님한테만 귓속말로 해 볼래?"

"재윤이 책상 위에 보드마카로 쓰고, 그림을 그려도 좋아."

작게 속삭인 말을 그림으로 옮기자 아이의 생각이 책상 가득 피어났다. 주변 친구들이 그 그림을 보고 말했다.

"재윤이 생각 진짜 멋지다."

그날 이후, 목소리가 작은 재윤이는 그림으로, 표정으로, 짧은 말로 이야기하기 시작했다. 이런 경험은 아이에게 '나는 할 수 있는 사람'이라는 정체성을 심어 준다.

교육의 본질은 이 깨달음에 있다. IB 교실은 모든 아이의 배움 방식을 인정하는 곳이다. '다중지능 워크숍'을 통해 부모와 교사가 함께 아이의 강점을 발견하고 그에 맞는 학습 지원 방법을 나누면, 교실 안의 다양성은 가정에서도 이어진다. 이러한 협력은 단지 학습법의 공유가 아니라 '우리 모두의 성장에는 서로가 필요하다.'는 공동체적 깨달음을 준다.

결국 모든 아이가 주인공이 되는 IB 교실은 교사의 설계만으로 완성되지 않는다. 부모와 교사가 함께 아이의 빛을 발견하는 일, 그것이 진정한 학급경영의 완성이다.

아이들이 질문하고, 실패하며, 각자의 목소리로 배움을 표현하는 교실에는 가정과 학교가 함께 쌓아 올린 신뢰와 일관성이 담겨 있다. IB 학급경영의 3가지 원칙, 즉 호기심, 다양성, 성장은 교사 혼자 이룰 수 없는 공동의 약속이며, 가정과 학교가 함께 세워 갈 때 비로소 완성된다. 그 약속이 단단할수록 아이의 1학년은 단순한 첫해가 아니라 평생 배움의 길을 밝혀 주는 '첫 단추'가 된다.

첫 단추의 힘

재윤이는 이제 두려움 없이 자신의 생각을 자유롭게 발표한다. 현도는 틀려도 웃으며 다시 질문한다. 이소는 문제를 발견하면 스스로 해결책을 제안한다. 아이들의 이런 변화는 거창한 무언가에서 비롯한 것이 아니다.

> **"모든 아이는 천재로 태어나지만,**
> **교육이 그들을 범인(평범한 사람)으로 만든다."**
> **- 버킹엄 궁전의 격언**

IB 교육의 본질은 특별한 제도나 프로그램에 있지 않다. 그 핵심은 '하루의 대화 속에서 배움의 마음을 키우는 평범한 순간들'에 있다. 아이의 호기심을 지켜 주고, 실패를 포용하며, 좋아하는 일에 몰입할 수 있는 환경을 만들어 주는 것, 그것이 바로 IB 철학이 말하는 배움의 공동체이며, 우리 모두가 지금 이 자리에서 실천할 수 있는 진짜 교육이다.

결국 아이의 마음에 변화가 일어날 때 진짜 교육이 시작된다.

오늘 우리 집의 대화 한마디, 그 작은 첫 단추가 아이의 평생 배움의 길이 된다.

IB월드스쿨 선생님 추천

가정에서 함께하는 초등 IB 실천 가이드

IB 몰라도 바로 시작할 수 있는 활동

질문 환영하기

- "그게 뭐야?" 대신 "정말 좋은 질문이네."로 반응하기
- 완벽한 대답을 찾기보다 함께 검색하고, 찾아보고, 이야기하는 과정 즐기기

아이의 질문은 지식의 부족이 아니라 탐구의 시작이다.

실패를 성장의 과정으로 바라보기

- "틀렸네. 다시 해 보자." 대신 "다르게 생각해 봤구나. 또 다른 방법은 없을까?"로 표현하기

결과보다 아이가 시도한 과정과 용기를 칭찬할 때 아이의 실패는 '두려움'이 아닌 '성장'을 위한 연습이 된다.

아이의 관심사에 깊이 반응하기

조금만 주의 깊게 바라보면, 아이의 눈이 반짝이는 '좋아하는 순간'이 보인다. 그 반짝임은 단순한 취향이 아니라 아이의 배움이 열리는 신호이다.

기차를 좋아한다면 함께 역을 탐방하며 노선도를 살펴보고, 그 안에서 시간표, 거리, 표지판을 읽는 '생활 속 수학과 언어'를 경험하게 해 준다.

지도를 좋아하는 아이라면 직접 동네지도를 만들어 보며 공간 감각과 관찰력을 자극해 준다. 작은 취미 속에도 '탐구할 거리'는 끝없이 숨어 있다.

관심사의 대화는 거창할 필요가 없다. "왜 그게 좋을까?", "그건 어떻게 알게 됐어?", "다른 방법도 있을까?" 이런 짧은 한 문장이 아이의 생각을 확장시키고, 세상을 바라보는 시선에 깊이를 더해 준다.

좋아하는 것을 함께 발견하고 이야기하는 그 시간 자체가 아이에게는 '나의 세계가 존중받는다.'는 경험이 된다. 이 경험이 축적될수록 아이는 자신감을 얻고, 배우는 일에 즐거움을 느끼며 "나는 잘할 수 있다."는 내적 확신과 배움의 자존감을 키워 간다.

결국 아이의 관심에 진심으로 반응하는 일은 지식보다 더 큰 선물인 '배움의 긍정적 감정'을 심어 주는 것이다.

생각의 근육을 키우는 'IB식 질문' 한 끗

- 열린 질문 : "왜 그럴까", "어떻게 생각해"와 같은 질문으로 깊이 있는 사고 유도하기
- 생각 경청 : 정답보다 아이만의 고유한 생각과 느낌 존중하기
- 경험 연결 : 책 속의 이야기를 아이의 실제 삶과 연결하여 대화하기
- 감정 공감 : "그때 어떤 기분이었어"처럼 아이의 마음을 살피는 질문 건네기
- 실천 연결 : "우리도 직접 해 볼까"와 같은 구체적인 행동 제안하기

Part 2

How to IB?

1학년 365일,

우리 아이는 어떻게 자랄까?

적응과 발견(3~5월)
: 학교라는 새로운 세상에 첫발을 내딛다

– 도로시 로 놀테의 「아이들은 생활 속에서 배운다」 중에서

1학년 교실은 아이들이 처음으로 가정을 벗어나 만나는 작은 사회이다. 이곳에서 아이들이 어떤 경험을 하느냐에 따라 평생을 좌우할 가치관과 태도가 형성된다. IB 학급경영이 특별한 이유는 바로 이 점에 있다. 단순히 지식을 전달하는 것이 아니라 아이들이 매일의 교실 생활 속에서 삶의 중요한 가치를 자연스럽게 체득하도록 환경을 조성하기 때문이다.

도로시 로 놀테의 시가 우리에게 던지는 메시지는 분명하다. 아이들은 우리가 만들어 주는 환경에서 배운다. IB 1학년 교실이 추구하는

것은 바로 이것이다. 관용과 우정이 넘치는 교실에서 365일을 보낸 아이들이 '세상을 사랑하는 법'을 배우는 것, 그래서 그들이 자라 더 나은 세상을 만들어 가는 것이다. 이것이 우리가 매일 아침 교실 문을 열며 품는 희망이다.

3월 한 달이
아이의 학교생활을 결정한다
– 입학 전에 부모가 꼭 알아야 할 것들

학교 첫날,
아이의 마음을 지켜주는 부모의 역할

퇴근하고 집에 돌아온 엄마와 1학년 철수와의 대화다.

엄마 : 오늘 학교에서 뭐 했어?

철수 : 음… 선생님이 숙제 내주셨는데, 하다가 게임하고 놀았어요.

엄마 : 어? 숙제는 다 했어?

철수 : 아니요. 조금 하다가 재미없어서 그냥 유튜브 봤어요.

엄마 : 그럼 아직 숙제 안 끝났구나? 이제 해야겠다.

철수 : 아이~ 싫어요. 조금만 더 놀면 안 돼요? 숙제는 나중에 할래요.

엄마 : 숙제 먼저 하고 놀았어야지. 숙제 끝낼 때까지 다시는 유튜브 못 볼 줄 알아.

좋은 마음으로 시작한 자녀와의 대화가 이처럼 화로 끝나는 경우가 종종 있다. 이는 엄마나 철수의 잘못이 아니다. 어려서부터 꾸준히 자신의 감정, 생각, 행동을 상황에 맞게 스스로 조절하고 관리하는 연습이 부족했기 때문이다.

자신의 감정, 생각, 행동을 상황에 맞게 스스로 조절하고 관리하는 능력을 자기조절력(self-regulation)이라 한다. 쉽게 말해, '지금 내가 무엇을 해야 하는지 스스로 판단하고, 필요할 때는 내 감정이나 행동을 바꾸어서 목표를 이루도록 나를 이끌어 가는 힘'이라고 할 수 있다.

초등학교 입학을 앞둔 아이에게 가장 필요한 것은 무엇일까? 많은 부모가 한글이나 수학 등 학습 준비에 집중하지만, 정작 중요한 것은 아이가 스스로 자신의 생각과 행동을 조절할 수 있는 능력을 기르는 것이다.

IB의 핵심인 개념 기반 탐구 학습에서 자주 인용되는 유명한 문장이 있다.

"세상은 있는 그대로 존재하는 것이 아니라 내가 보는 대로 존재한다."

이는 아는 만큼 보인다는 의미이자 세상은 어떤 맥락 안에서 볼 때 그들만의 의미와 질서를 나타낸다는 뜻이다. 이 말처럼 아이와 부모가 학교를 어떻게 바라보느냐에 따라 학교생활의 질이 달라진다. 그렇기에 입학 전 준비는 단순한 학습보다 아이가 새로운 환경을 긍정적으로 받아들이고 스스로를 조절할 수 있는 힘을 기르는 것이 더욱 중요하다.

자기조절력이 중요한 이유는 학습과 생활에서의 성공 열쇠이기 때문이다. 예를 들어, 숙제를 미루지 않고 스스로 계획하여 실천하거나, 화가 나더라도 함부로 행동하지 않고 타인을 배려하는 능력이다. 또한 '어려운 문제 앞에서 포기하지 않기'나 '책 한 권 끝까지 읽기'처럼 스스로 세운 목표를 이루기 위해 감정을 다스리고 집중력을 유지하는 힘이 바로 자기조절력이다.

자기조절력이 뛰어난 아이는 어려움이 와도 쉽게 포기하지 않는다. 스스로 동기를 만들며, 감정에 휘둘리지 않고 현명하게 문제를 해결할 수 있다.

아이의 자기조절력 향상을 위한 학부모 활용 TIP

하루 계획 세우고 실천하기 체크리스트

☐ 아침마다 아이와 함께 "오늘 무엇을 할까?"를 묻고 이야기하며, 직접 하루의 주요 활동 계획을 정한다.

　(예 : 자녀가 스스로 할 일을 정할 수 있도록 대화로 이끈다.)

☐ 일과를 처음 정할 때는 아이가 부담 없이 참여할 수 있도록 '책 읽기', '블록 쌓기', '색칠하기'같이 쉽고 구체적인 활동을 중심으로 시작한다.

☐ 냉장고에 자석 칠판이나 화이트보드를 부착하여, 아이가 오늘 할 일을 직접 그림이나 글씨로 적게 한다.

☐ 하루가 끝난 후 칠판이나 보드를 보며 계획한 일을 하나씩 확인하고, 완료한 항목에는 동그라미 표시 등 시각적인 성취감을 준다.

(예 : "계획대로 잘 했나?"를 함께 점검한다.)

☐ 계획을 실천해 낸 아이에게 "정말 잘했어!", "오늘 약속을 잘 지켰네!" 등 구체적인 칭찬과 함께 박수나 맞장구로 성취감을 느끼도록 해 준다.

(예 : 자기주도 태도가 자연스럽게 자리 잡을 때까지 반복적으로 격려한다.)

집중력과 지속성 기르기 체크리스트

☐ 학교 환경에 맞춰 단계적으로 집중 시간을 늘려갈 수 있도록 짧은 시간부터 시작해 성공의 경험을 쌓으며 점차 시간을 연장한다.

(예 : 10분 내외의 짧은 활동 단위로 성공적인 도전을 반복하며 점진적으로 집중 시간을 확장한다.)

☐ 타이머나 시계를 활용해 정해진 시간 동안 한 가지 활동에 집중하도록 정해 둔다.

(예 : "15분 동안 그림 그리기에 집중해 보자." 하고 활동을 시작한다.)

☐ 아이가 정해진 시간 동안 집중을 잘 유지해 마무리했을 때 "처음부터 끝까지 포기하지 않고 집중했구나." 등 구체적인 칭찬으로 성취감을 주고 인정해 준다.

(예 : 결과뿐만 아니라 집중 과정 자체를 칭찬한다.)

기본 생활습관 연습하기 체크리스트

☐ 학교 입학 전에 집에서 화장실 사용법 전 과정을 스스로 해 볼 수 있도록 반복적으로 연습시킨다.

(예 : 문 열고 닫기, 옷 벗고 입기, 휴지 사용, 손 씻는 법까지 차근차근 익히도록 지도한다.)

☐ 외출 후 집에 들어왔을 때 현관에서 실내화로 갈아 신기를 연습하고, 신발 끈 묶기가 어렵다면 벨크로 신발부터 이용한다.

(예 : 신발 등 탈착이 쉬운 것을 선택해 자립심을 키운다.)

□ 가방 정리나 학용품 챙기기 같은 개인 물건 정돈 과정을 하나의 즐거운 놀이로 구성하여 아이가 스스로 관리하는 습관을 기르게 한다.

(예 : '가방 정리 게임'을 통해 준비물을 챙기는 시간을 측정하거나 누구의 가방 속이 더 가지런한지 시합하며 재미있게 실천한다.)

□ '내 물건은 내가 챙긴다.'는 습관이 몸에 배도록, 연습이 끝난 뒤에는 "스스로 잘 챙겼네." 같은 구체적인 칭찬과 격려를 지속적으로 제공한다.

의사표현 연습하기 체크리스트

□ 자녀와 이야기할 때는 반드시 눈을 맞추고, 따뜻하면서도 다정한 태도로 대화하여 서로 신뢰하는 관계를 만든다.

(예 : 눈을 보고, 아이가 존중받는 기분을 느끼도록 배려한다.)

□ 매일 저녁 식사나 잠자기 전에 "오늘 기분이 어땠어?", "재미있었던 일이 뭐야?", "힘들었던 건 없었니?" 등 개방형 질문을 던져 아이가 자신의 생각과 감정을 자연스럽게 표현하도록 기회를 준다.

(예 : 일상 대화 속에서 자기표현이 습관이 되도록 반복한다.)

□ 학교생활 중 발생할 수 있는 긴급한 상황이나 필요 사항을 명확히 전달할 수 있도록 학교용 필수 표현들을 집에서 미리 연습하도록 한다.

(예 : "화장실에 가고 싶어요.", "도움이 필요해요." 외에 몸 상태를 알리는 말 등 자주 사용하는 말을 역할극처럼 주고받으며 자연스럽게 익히게 한다.)

□ 역할놀이로 다양한 학교 상황(예 : "선생님, 연필이 부러졌어요.", "친구야, 같이 놀자.")을 함께 실연하며, 감정이나 생각을 자신의 말로 또박또박 표현하는 연습을 시킨다.

(예 : 역할에 맞게 감정 표현까지 연습하도록 지도한다.)

□ 아이가 표현 연습을 성공하거나 노력하는 모습을 보이면 "지금 네가 말한 게 정말 좋아.", "내 마음도 네가 잘 알아 준 것 같아." 등 구체적으로 칭찬하여 자기표현에 자신감을 갖도록 도와준다.

친구 관계의 시작을 돕는
생활 전략

사랑 : (쉬는 시간에 혼자 조용히 앉아 있음)

한권 : (옆에서 친구들이랑 공기놀이하며 크게 웃음)

효정 : 사랑아, 공기놀이 같이 할래?

사랑 : (작게) 아니야. 나 그냥 여기 있을래.

효정 : (고개를 끄덕이고 다시 친구들과 놂)

1학년 교실에서는 이런 일들이 자주 일어난다. 아무도 일부러 그런 것이 아닌데도 사랑이는 집에 돌아와서 "오늘 친구들이 나랑 안 놀아 줬어."라며 속상해한다. 부모들은 "아이가 혹시 따돌림을 당하는 건 아닐까?" 하는 생각에 마음이 불편해지고 화가 난다.

하지만 이는 초저출산 시대를 살아가는 요즘 1학년 아이들에게 흔히 나타나는 현상이다. 어려서부터 형제자매나 또래 친구들과 함께 어울리며 자연스럽게 사회성을 익힐 기회가 부족하기 때문이다.

타인과 관계를 원만하게 유지하기 위한 사회적 기술을 사회적 유능감(Social Competence)이라고 한다. 쉽게 표현하면, 다른 사람들과 잘 어울리고 함께 생활할 수 있는 능력이다. 사회적 유능감은 하루 아침에 생기는 것이 아니라 일상 속 작은 상호작용들이 쌓여서 만들어진다. 부모가 먼저 아이와 따뜻한 관계를 맺고, 다양한 사회적 경험을 제공해 줄 때 아이의 사회적 유능감은 자연스럽게 자라날 수 있다.

초등학교 입학에서 사회적 유능감이 중요한 이유는 학급 생활의 기초이기 때문이다. 20여 명의 친구와 함께 생활해야 하는 학급에서는 사회적 기술이 필수이다. 또한 규칙을 이해하고 지키며, 자신의 정서와 행동을 상황에 맞게 조절해야 선생님과의 관계, 친구들과의 관계 모두에서 필요하다.

아이의 사회적 유능감 향상을 위한 학부모 활용 TIP

놀이를 통한 관계 맺기 체크리스트

☐ 아이가 동네 놀이터에 갈 때마다 아직 잘 알지 못하거나 처음 보는 또래 친구들에게 먼저 다가가서 인사를 하거나 간단한 놀이에 참여할 수 있도

록 자연스럽게 기회를 만들어 준다.

(예 : 부모가 함께 놀이터에 가서 아이가 기존 친구와만 어울리지 않고 새로운 친구들과 소꿉놀이, 미끄럼틀, 그네와 같은 활동을 함께 경험할 수 있도록 곁에서 도와준다.)

☐ 가족 모두가 다 같이 모인 시간에 보드게임이나 카드게임을 준비하여 참여시키고, 그 안에서 순서를 정할 때 질서 있게 차례를 기다리고, 게임의 규칙을 끝까지 지키며, 가족 구성원들과 힘을 합쳐 협력하는 모습을 보여 주도록 연습시킨다.

(예 : 규칙이 명확하고 가족 전체가 참여할 수 있는 놀이를 주기적으로 마련하여 아이가 자연스럽게 질서와 협동을 배울 기회를 만든다.)

☐ '가위바위보'와 같은 짧고 간단한 규칙을 통해 놀이의 순서를 공정하게 정하거나 누가 먼저 할지 결정하는 과정을 배우고, 순서가 돌아올 때까지 인내심 있게 기다리는 경험을 하게 한다.

(예 : 장난감 나눠 쓰기, 음식 먹기, 놀이터에서 놀이 순서를 정할 때 '가위바위보'로 결정해 보고, 결과에 승복하며 기다리는 연습을 반복적으로 해 본다.)

☐ '술래잡기', '숨바꼭질'과 같이 명확한 놀이 규칙이 존재하는 활동에 아이가 참여하여, 규칙이란 왜 지켜야 하는지, 규칙을 어기면 놀이가 원활히 이루어지지 않음을 직접 경험하도록 한다.

(예 : 술래 맡기, 숫자 세기, 잡힌 친구가 술래가 되는 과정을 반복하며 약속과 규칙을 반드시 지키는 것이 놀이의 재미와 질서를 유지하는 데 필수임을 실제 활동을 통해 몸소 익히도록 한다.)

갈등 해결 방법 배우기 체크리스트

☐ 아이가 형제나 친구와 다투거나 마음이 상해 갈등을 경험했을 때 그 상황에 대해 아이와 충분히 심도 있게 대화할 시간을 마련하여, 당시 느꼈던 감정과 각자 어떤 행동을 했는지 구체적으로 이야기해 보게 한다.

(예 : 놀이터, 학교, 혹은 집에서 일어난 작은 다툼도 '어떤 상황에서, 무슨 일이 있었는지, 어떻게 느꼈는지' 순서대로 이야기로 정리해 보는 시간을 가진다.)

☐ 친구가 내 장난감을 빼앗거나, 친구가 나를 놀이에 끼워 주지 않아 속상한 상황, 또는 마음에 들지 않는 일이 생겼을 때 어떻게 행동하면 좋을지 등 여러 가지 실제로 발생 가능한 다양한 갈등 상황을 연습 삼아 미리 가정해 보고 아이가 자기 생각대로 해결 방법을 찾아보도록 이끈다.

(예 : 부모가 "만약 네가 친구와 놀고 싶었는데 끼워 주지 않는다면 어떻게 할까?", "장난감을 뺏겼을 때 뭐라고 할 수 있을까?" 등 다양한 상황을 제시해 주고, 아이가 직접 대안이나 해결책을 말해 보게 한다.)

☐ 아이가 속상하거나 화가 날 때 자신의 감정을 솔직하게 말로 표현하는 것이 중요하다는 점을 설명해 주고, 실제 대화에서 "나는 지금 속상해.", "난 이럴 때 힘들어."와 같이 자신만의 말로 감정 표현을 직접 해 보도록 다양하게 연습할 기회를 만들어 준다.

(예 : 감정을 말로 표현하는 역할극을 하거나, "지금 네 기분은 어때?"라고 묻고 직접 말로 안에 있는 마음을 밖으로 꺼내 볼 수 있도록 지도한다.)

☐ 상황이 너무 어렵거나 스스로 해결하기 힘든 경우에는 믿을 만한 어른이나 선생님께 도움을 요청하는 것이 나쁘지 않다는 점을 설명해 주며, 실제로 어른에게 도움을 요청하는 말을 한 번씩 해 보는 연습을 한다.

(예 : "선생님, 저 도와주세요.", "엄마, 친구랑 다퉜어요. 어떻게 하면 좋을지 모르겠어요." 등 일상에서 직접 연습해 본다.)

☐ 친구와 놀다가 문제가 생기면 꼭 한 가지 방법만 고집하지 않고, 다른 친구와도 놀아 보거나 새로운 놀이 방법을 찾는 등 다양한 대안과 해결책을 스스로 고민하고 선택하게 도와주며, 여러 가지 대안을 아이와 함께 이야기하고 제시한다.

(예 : "이번에는 다른 친구랑도 한 번 놀아 볼래?", "같이 놀 수 있는 다른 방법이 뭘까?" 등 다양한 해결책을 생각하고 직접 선택해 보게 한다.)

부모의 긍정적 태도가
아이의 적응력을 높인다

엄마 : 오늘 학교 재미있었어?

사랑 : 네. 선생님이랑 친구들이랑 그림 그렸어요. 선생님이 엄청 칭찬해 주셨어요.

엄마 : 오~ 우리 민서 칭찬받았구나. 선생님 정말 좋으시지?

사랑 : 네. 선생님이 웃으면서 잘 알려 주셔서 좋아요.

엄마 : 학교에서 모르는 거 있으면 선생님한테 꼭 물어봐. 선생님이 민서가 궁금한 거 다 잘 알려 주실 거야.

사랑 : 네. 다음에는 모르는 거 생기면 꼭 물어볼게요.

아이의 성공적인 1학년 시작을 위해서는 부모와 담임선생님 간의 협력적 파트너십 형성이 매우 중요하다. 아이에게 학교와 선생님에 대한 긍정적인 이미지를 심어 주는 것이 학교 적응력을 높이는 핵심이기 때문이다.

부모가 학교와 교사에 대해 긍정적으로 말하고 신뢰하는 모습을 보여 줄 때 아이 역시 학교를 안전하고 즐거운 곳으로 받아들이게 된다. 반대로 부모가 학교나 선생님에 대해 부정적인 말을 하거나 불신을 드러내면, 아이도 학교에 대한 경계심을 갖게 되어 적응에 어려움을 겪을 수 있다.

따라서 아이가 학교를 설렘과 기대로 가득한 공간으로 인식할 수 있도록 부모가 먼저 학교와 선생님을 믿고 지지하는 태도를 보여 주어야 한다. 이런 긍정적인 환경 속에서 아이는 더욱 자신감 있게 학교생활을 시작할 수 있을 것이다.

학교에 대한 긍정적 인식 향상을 위한 학부모 활용 TIP

학교와 친해지기 체크리스트

☐ 아이가 학교라는 공간에 자연스럽게 익숙해질 수 있도록 입학할 학교가 결정된 후 부모가 먼저 따뜻한 인상을 담아 학교 근처를 실제로 아이와 함께 산책하거나 방문하는 시간을 갖는다.

(예 : 학교 정문, 운동장, 교실 외부 등 여러 장소를 돌며 "여기가 앞으로 네가 다니게 될 학교야. 새로운 친구들도 여기서 만나고, 매일 선생님께 인사도 하

게 될 거야.”라고 구체적으로 설명해 준다.)

□ 학교와 그 주변 환경을 둘러보며 하나하나 장소의 이름과 쓰임을 알려 주고, 아이가 미래의 학교생활을 긍정적으로 상상할 수 있게 기대감을 담은 말을 반복한다.

(예 : “이곳이 체육을 하는 운동장이야. 쉬는 시간에는 여기서 뛰어놀 수 있어. 여기서 친구들이랑 게임도 하고, 새로운 활동들을 배울 수 있단다.”라며 실제로 장소를 손으로 가리키며 자세히 설명한다.)

□ 부모가 학교에 대해 불안해하거나 걱정하는 모습을 보이지 않고, 항상 밝고 긍정적인 표정과 목소리로 “학교는 정말 재미있는 곳이야.”, “선생님과 친구들이 다 너를 기다리고 있단다.” 등 희망적인 메시지를 전하며 아이에게 친근함과 안정감을 준다.

선생님에 대한 존경심 심어 주기 체크리스트

□ 부모가 일상에서 선생님을 자연스럽게 높이고 감사하는 태도를 자주 보여 주며 “선생님은 학생 한 명, 한 명을 소중하게 생각하시는 분이야.”라고 구체적으로 설명해 아이가 선생님을 신뢰할 수 있도록 준비시킨다.

(예 : “네가 궁금하거나 어렵거나 힘들 때는 선생님께 솔직하게 말씀드리면 선생님은 항상 이해해 주시고 도와주실 거야.”라고 설명해 준다.)

□ 수업 시간에 선생님 말씀을 집중해서 듣는 것이 왜 중요한지, 그렇게 했을 때 어떤 좋은 점이 있는지를 아이가 이해하도록 반복적으로 알려 준다.

(예 : “수업 시간에는 선생님 말씀을 잘 들어야 새로운 것도 많이 알게 되고, 선생님도 네가 열심히 듣는 걸 보면 기분이 좋아지셔.” 등 실제 상황을 예로 들어 자연스럽게 존중의 태도를 가르쳐 준다.)

□ 부모가 학교 공지나 행사, 상담 등에서 예의를 갖추고 존중하는 모습을 자녀에게 보여 주며, 가정에서부터 교사와의 긍정적 관계 맺기가 중요함을 아이가 실감할 수 있게 한다.

학교생활 미리 그려 보기 체크리스트

□ 실제 등교 후 마주하게 될 여러 상황(예 : 급식시간, 놀이시간, 체육시간, 도
서관 이용 등)을 마치 체험하듯 상세하게 이야기해 주며, 각각의 활동이 언
제, 어디서, 어떻게 진행되는지 구체적으로 설명해 준다.

(예 : "급식시간이 되면 네가 친구들과 함께 식당(급식실)에서 줄을 서서 식판
에 밥과 반찬을 받아 온단다. 오늘 나온 반찬에 대해 이야기를 나누거나 친구
와도 이야기를 나눌 수 있어."처럼 실제 장면을 묘사한다.)

□ 학교에서의 재미있거나 새로운 경험을 다양하게 예로 들며 기대감을 심어
준다.

(예 : "체육시간이 되면 운동장에서 달리기를 하거나 새로운 놀이를 함께 배울
수 있어.", "책읽기 시간이 되면 도서관에서 다양한 동화책을 스스로 골라서 읽
을 수 있어." 등 학교에서 일어날 수 있는 상황을 미리 알려 준다.)

□ 각 활동이 주는 즐거움이나 기대감을 매번 강조하고, 다양한 경험이 다가
올 때 불안이 아닌 설렘으로 받아들일 수 있도록 부모가 긍정적인 언어와
표정으로 설명한다.

(예 : "네가 좋아하는 그림책도 얼마든지 골라 볼 수 있고, 운동장에서는 친구
들이랑 마음껏 뛰어놀 수 있으니 학교가 점점 더 재미있게 느껴질 거야."라고
아이의 감정까지 보살피며 이야기해 준다.)

실수는 아이가 자라고 있다는 신호이다

결국 아이의 입학 준비란 완벽한 아이로 만드는 것이 아니다. 실
수해도 괜찮다고 믿어 주는 것, 넘어져도 다시 일어날 수 있다는 용
기를 심어 주는 것, 그리고 무엇보다 '너는 소중하고 사랑받는 존재'

라는 확신을 갖게 해 주는 것이다.

아이가 새로운 세상의 문턱에 서 있을 때 가장 필요한 것은 뒤에서 든든하게 지켜보며 응원해 주는 부모의 마음이다. 부모가 먼저 학교라는 새로운 세상을 설렘과 기대의 공간으로 바라볼 때 아이의 눈에도 학교는 두려움이 아닌 희망의 공간이 된다.

작은 것부터 차근차근 서두르지 않고 함께 걸어가는 그 시간들이 아이에게는 가장 큰 선물이 될 것이다. 완벽한 준비보다 더 소중한 것은, 아이가 어떤 상황에서도 "나는 할 수 있어."라고 속삭일 수 있는 단단한 마음이다.

그렇게 부모의 사랑과 믿음으로 준비된 아이는
학교에서도 그 빛을 잃지 않을 것이다.
그리고 그 빛은 6년이라는 긴 여행 동안
아이를 환하게 비춰 줄 것이다.

Chapter 4

한글 떼기 vs 한글 탐구하기

- IB식 문해력의 시작

한글은 '끝내는 공부'가 아니라 생각을 '시작하는 도구'다

기초 문해력에 대한 새로운 관점

"우리 아이 한글은 언제쯤 다 떼야 하나요?"

1학년을 맡으면 학부모로부터 어김없이 듣게 되는 질문이다. 한글을 '뗀다'는 표현은 마치 어떤 문턱을 넘는 일 같기도 하고, 하나의 관문을 통과한 것처럼 들린다. 하지만 교사의 눈으로 매일 아이들의 배움을 지켜보면 문해력은 결코 '완료형'이 아님을 깨닫게 된다. 한글을 안다는 것은 '완성'이 아니라 배움의 새로운 '시작'이다.

유네스코는 문해력(Literacy)을 단순히 글자를 해독하는 능력으로 보지 않는다. 그것은 읽고, 이해하고, 해석하고, 창조하며, 소통할 수 있는 종합적 능력으로 정의한다. 핀란드의 언어교육 전문가 마티 베르그스트롬(Matti Bergström) 교수 역시 이렇게 말한다.

"문자는 도구일 뿐이다. 중요한 것은 그 도구를 가지고 무엇을 해 낼 수 있느냐이다."

그의 말대로 한글은 '배움의 종착점'이 아니라 '소통의 도구'다. 하지만 많은 학부모는 여전히 글자를 빠르게, 정확히 익히는 데만 초점을 맞춘다. 아이의 언어를 조급히 완성시키려는 순간, 아이는 '글자를 배우는 즐거움'보다 '틀릴지도 모른다는 두려움'을 먼저 배우게 된다. 한글 학습의 목적은 정확한 철자가 아니라 글자를 통해 세상을 느끼고, 자신을 표현하는 힘을 기르는 것이다.

이 관점은 교실에서도 그대로 적용된다. 한글을 다 '뗐다'는 아이가 막상 글의 의미를 연결 짓지 못해 힘들어하는 반면, 아직 완벽히 익히지 못했어도 이야기를 지어 내거나 자신의 느낌을 글로 남기는 아이는 자연스럽게 진짜 문해력의 길을 걷고 있다. 그래서 한글 익히기의 목표는 '얼마나 정확히 읽고 쓸 수 있느냐?'가 아니라 '얼마나 즐겁게 배우고, 스스로 글자를 의미의 도구로 활용할 수 있느냐?'로 바뀌어야 한다.

이것은 IB 교육이 말하는 탐구자(Inquirer)의 태도로 이어진다. 아이들은 한글을 배우는 과정에서 묻는다.

"왜 이 글자는 이런 모양이죠?"

"입이 다르게 움직이면 어떤 소리가 나요?"

그 호기심이 쌓일수록 배움은 더 주체적이 되고, 언어는 살아 숨 쉬게 된다. 한글 학습에서 '탐구'는 틀린 글자를 올바르게 고치는 방법이 아니라 배움 그 자체를 재미와 의미로 채워 가는 과정이다.

한글을 '빨리 끝내야 한다.'는 조급함보다 아이가 언어를 흥미롭고 따뜻하게 경험하도록 돕는 것이 훨씬 중요하다. 책을 읽을 때 "이건 뭐야?" 하고 묻기보다 "이 글자는 어떤 소리를 내는 것 같아?", "이 글자랑 닮은 걸 어디서 본 적이 있니?"처럼 아이의 생각을 열어 주는 대화가 필요하다. 아이에게 가장 중요한 건 글을 다 읽는 날이 아니라 "글자가 이렇게 재미있구나!" 하고 느끼는 순간이다. 그 설렘이 생겼을 때 비로소 진짜 문해의 여정이 시작된다. 결국 한글 교육의 목표는 '끝내기'가 아니라 '시작하기'다. 글자를 해독하는 능력은 출발점일 뿐, 그 이후의 배움의 길은 글자를 통해 세상을 이해하고, 자신을 표현하며, 타인과 연결되는 과정으로 이어져야 한다. 문해력은 기술이 아니라 사고와 감정이 성장하는 힘이다. 그 힘은 아이가 한 글자, 한 문장을 통해 '배운다.'가 아니라 '세상을 새롭게 본다.'고 느낄 때 자라난다.

글자 그 이상을 배우는 시간 :
탐구 기반 문해 수업의 실제

글자 그 이상을 배우는 시간 : 글자 탐험대 출발

3월의 1학년 교실, 어떤 아이는 '가'와 '갸'를 헷갈려하고, 어떤 아이는 책을 줄줄 읽는다. 이처럼 수준이 제각각인 아이들이 함께 배움의 여정을 걷기 위해 '글자 탐험대'를 꾸린다.

"애들아, 우리가 매일 보는 글자들 속에는 어떤 비밀이 숨어 있을까?"

이 질문 하나에 교실은 호기심으로 가득 찬다. 아이들은 자신의 몸을 이용해 'ㄱ'을 만들고, 친구와 함께 'ㄴ'을 만든다. 아이들의 관찰과 발견이 이어진다.

자신의 몸을 활용해 자모음 카드를 만들며 글자의 형태와 구조를 이해하는 활동

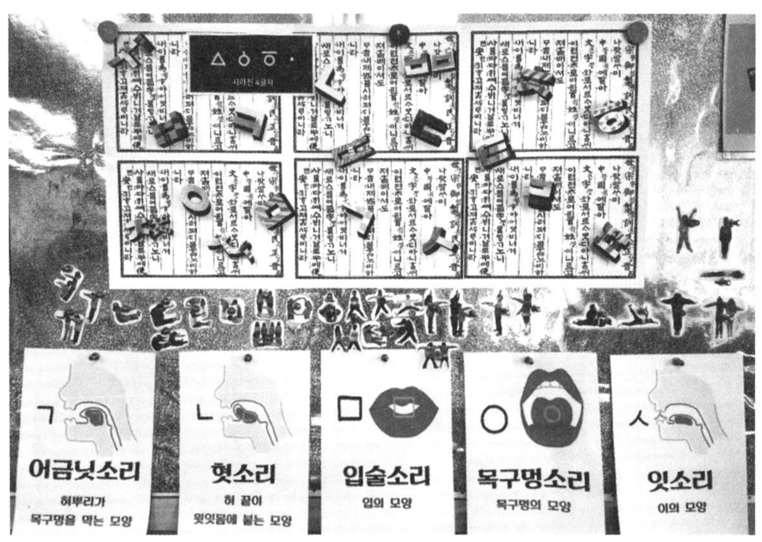

'글자탐험대' 활동을 통해 자유롭게 글자를 만들어 보는 탐구형 언어 활동

"선생님, ㄱ과 ㄴ은 방향만 달라요."

"ㄴ은 혀가 위로 올라가요."

"ㄱ과 ㄴ은 중간에 방향이 바뀌니까 몸을 구부리면 돼요."

한글은 더 이상 외워야 할 기호가 아니라 온몸으로 느끼고 탐구하는 대상이 된다. 이 과정에서 아이들은 자연스럽게 '소리와 입 모양의 관계', '발음기관의 위치와 움직임', '글자 모양과 의미의 연결성'을 감각으로 익힌다. 글자를 암기하는 수동적인 학습이 아닌, 언어 속에 숨겨진 패턴과 질서를 스스로 발견해 가는 능동적인 사고의 수업으로 변모한다. 이렇게 IB 교육이 강조하는 '탐구자(Inquirer)'로서의 자세는 일상 속 한글 수업에서도 자연스럽게 형성된다.

글자에서 이야기로, 이야기에서 질문으로

탐험은 개별 글자에서 멈추지 않는다. 아이들은 글자들을 모아 단어를 만들고, 그 단어들 속에서 새로운 질문을 찾아낸다. 글자와 단어가 갖는 소리, 모양, 의미 사이의 관계에 대해 자연스럽게 질문하기 시작한다.

"물(水) 한자는 생김새를 닮았는데, 왜 '물'이라는 한글은 물이 흐르는 모양과 달라요?"

이러한 질문들은 언어의 기호학적 특성에 대한 첫 번째 통찰로 이어진다.

글자는 이제 단순한 소통의 도구를 넘어, 세상을 이해하고 표현하는 창의적 사고의 통로가 된다. 탐구 기반 문해 수업의 핵심은 '정답 찾기'가 아닌 '의미 발견하기'에 있다. 아이들은 글자를 통해 자신만의 방식으로 세상을 해석하고, 그 해석을 다른 친구들과 나누는 과정에서 더욱 풍부한 의미를 구성해 나간다.

'한글 익히기'는 결국 목표가 아니라 아이들의 관찰력, 사고력, 표현력을 키우는 소중한 여정이었다. 몸으로 느끼고, 눈으로 발견하고, 마음으로 이해하며 배워 간 글자는 단순한 기호 이상의 의미를 갖게 되었다. 탐구를 진행하며 놀라웠던 순간은 'ㅁ'을 배우고 난 후, 교실 창밖을 바라보다 "선생님, 그러고 보니 창문에 'ㅁ'이 숨어 있네요."라고 외쳤을 때였다. 그 순간 다른 아이들도 하나둘 교실 곳곳에서 'ㅁ' 모양을 찾기 시작했다. 책상, 사물함, 심지어 급식 그릇까지…. 글자가 더 이상 교과서, 책 안에만 존재하는 것이 아니라 일상 속으로 튀쳐나온 순간이었다.

예전에는 한글을 빨리 가르치는 데 초점을 두었던 나의 교육 방식이 아이들의 모습을 보며 완전히 바뀌었다. 오히려 천천히 깊이 탐구할 수 있는 시간을 더 많이 제공하게 되었다. 읽기와 쓰기의 속도보다 아이들의 발견과 깨달음의 순간이 더 가치 있다는 것을 체감했다. 1학년 교실에서의 진정한 배움은 끊임없이 질문하고 호기심을 키워 가는 여정임을 배우게 되었다.

글자가 '생각'으로 피어나는 순간 : 개념 중심 문해 수업

한글 수업이 문자 지도에서 끝나지 않으려면 아이의 경험과 자연스럽게 연결되어야 한다. IB의 '개념 기반 탐구 학습'에서 제시하는 것처럼 한글도 형태(Form)-기능(Function)-연결성(Connection)이라는 3가지 관점으로 깊이 있게 탐구할 수 있다.

형태(Form) : 글자에도 가족이 있어요

"ㄱ, ㅋ, ㄲ를 보면 뭐가 닮았나요?"

"어? 정말이네! 'ㄱ'이랑 다 비슷해요."

"그러면 이 글자들은 어떤 관계일까?"

"형제 같아요. 'ㄱ'이 맏이, 'ㅋ'이 둘째, 'ㄲ'이 막내."

아이들은 기본자에서 거센소리, 된소리로 확장되는 자음의 원리를 암기가 아닌 관찰과 발견으로 익힌다. 자음 간의 가족관계를 스스로 찾아내는 순간, 아이들의 언어 체계는 논리적으로 조직된다. 이러한 패턴 인식 능력은 훗날 복잡한 텍스트의 구조를 이해하는 기반이 된다.

기능(Function) : 글자가 없으면 어떤 일이 생길까?

'글자 없는 하루' 활동을 진행했다. 안 그래도 할 말이 많은 1학

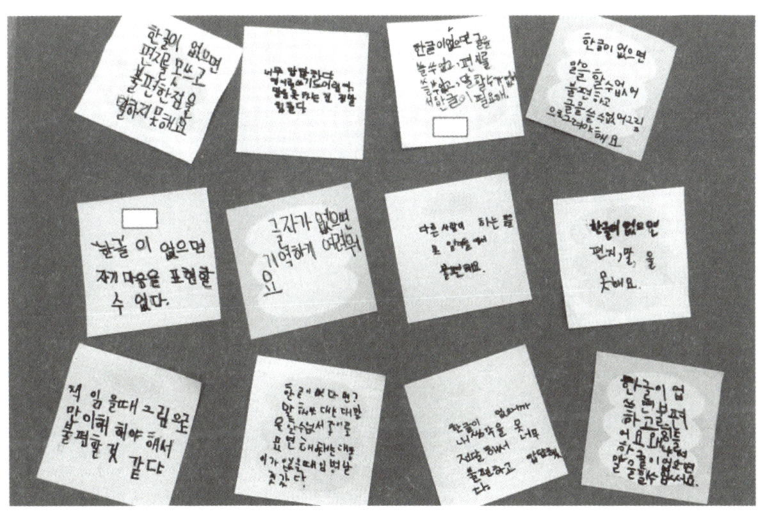

한글의 필요성을 스스로 깨닫게 된 '글자가 없는 하루 활동'

년 아이들이 그림으로만 편지를 쓰거나 몸짓으로만 의사소통을 해 보는 색다른 경험을 통해 아이들은 스스로 외친다.

"너무 불편해요. 글자가 없으니 기억하기 어려워요."

"내 생각을 말할 수 없어요."

"내가 하고 싶은 말을 어떻게 다 그림으로 그려요?"

한글의 필요성을 머리로 이해하는 것이 아니라 '몸으로 느끼고 가슴으로 알게 되는' 소중한 경험이 된다. 불편함을 통해 글자의 가치를 깨닫는 이 과정은 진정한 학습 동기로 이어진다.

연결성(Connection) : 내 삶과 이어지는 글자들

아이들과 함께 '생활 속 한글 여행'을 떠난다. 집과 동네, 간판 속 글자를 찾아 기록하는 활동을 통해 아이들은 글자가 책 속에만 존재하는 것이 아님을 발견한다.

"이건 학교 앞 문방구 이름이에요."

"이건 우리 동네 버스정류장 이름이에요."

"이 글자는 제가 매일 타는 아파트 엘리베이터에도 있어요."

글자가 교과서를 벗어나 일상과 연결될 때 한글은 곧 '살아 있는 문해력'으로 아이들의 삶에 스며든다.

교사 성찰

한글 수업을 개념 중심으로 접근하면서 의외의 순간에 아이들의 성장을 목격하게 된다. 평소 말이 없던 아이가 '생활 속 한글 여행' 활동 후 동네 가게 간판 이름을 꾹꾹 눌러 쓴 종이를 들고 와서 열정적으로 설명했을 때의 감격을 잊을 수 없다. 또 다른 날, 한글을 어려워하던 한 아이가 "선생님, 'ㅂ'이랑 'ㅃ'은 쌍둥이 같아요. 근데 'ㅃ'이 더 힘이 세요. 봐요. '브', '쁘'!"라고 소리를 들려 줬을 때는 내 교육 방식이 옳은 방향으로 가고 있음을 확신했다.

매일 다른 아이들의 깨달음을 지켜보면서, 한글 교육이란 결국 글자라는 열쇠로 세상이라는 문을 여는 과정임을 확신했다. 아이들이 단순히 글자를 읽고 쓰는 기술을 넘어 그 글자가 담고 있는 의미와 가치를 발견할 때 비로소 진정한 문해력의 씨앗이 뿌려지는 것이다. 이제 나의 역할은 그저 한글을 가르치는 1학년 교사가 아니라 아이들이 글자를 통해 세상과 대화할 수 있도록 돕는 안내자임을 매일의 수업에서 새롭게 배운다.

살아 있는 언어로 확장되는 문해력

이름에서 시작하는 셀프 탐구

4월, IB PYP의 '우리는 누구인가?(Who we are?)' 주제와 연결하여 우리 반에는 특별한 이름 프로젝트가 시작된다. 아이들은 자신의 이름을 한글로 정성스럽게 써 보고, 가족과 이야기를 나누며 이름에 담긴 뜻을 찾아온다.

"내 이름은 '푸르게 우거진 나무처럼 세상을 포근하게 감싸는 사람이 돼라.'는 의미야."

"내 이름은 윤택하고 넉넉하게 빛나는 호수처럼 넓은 마음을 가진 사람이 돼라는 뜻이래."

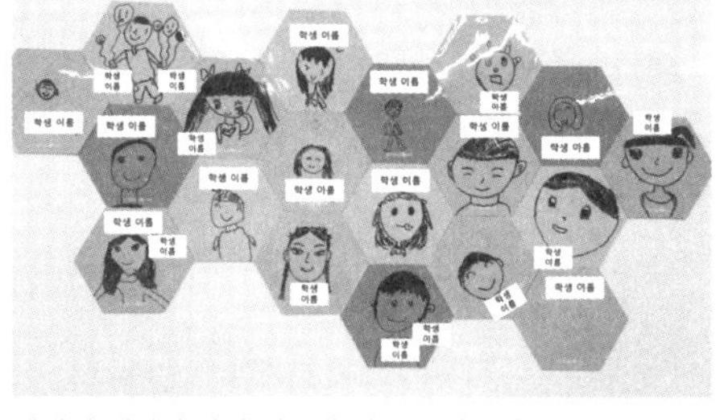

그림책 『내 이름』을 함께 읽으
며, 이름에 담긴 소중한 가치를
탐색하는 첫 만남의 시간

각자의 개성이 담긴 얼굴과 이름을 연결해 '우리'라는 학급
공동체를 시각화한 활동

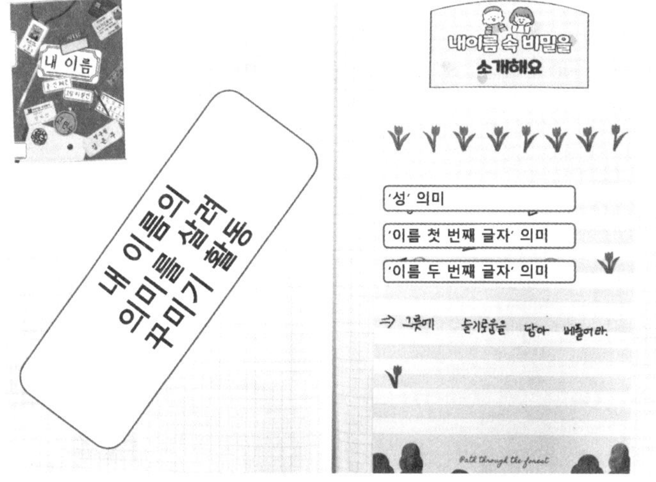

이름 속 비밀을 적어 보고 친구들에게 서로 소개하며 자신의 정체성을 깊이 탐색하는 과정

아이들은 이름이라는 한글 속에 가족의 바람과 사랑, 스스로의 정체성이 겹겹이 담겨 있다는 사실을 발견한다. 이 경험으로 한글은 단순한 읽고 쓰는 기술이 아니라 '나'라는 존재를 탐구하고 스스로 이해하는 출발점이 된다. PYP 탐구 주제가 교실 속 한글 교육과 만나며, 언어는 아이의 생각과 삶의 일부로 자연스럽게 스며든다.

이름을 탐구하며 자신의 이야기를 찾았다면 이어지는 주제는 '나와 주변 사람들과의 관계'이다. 친구, 선생님, 가족, 이웃 등 나를 둘러싼 사람들을 한글로 표현하는 활동이 교실 곳곳에서 펼쳐진다. 친구에게 고마움을 전하는 편지를 쓰고, 짝꿍을 인터뷰해 신문을 만들며 서로의 장점과 소중함을 다시 바라보게 된다.

"너는 나에게 소중한 친구야."

"너와 함께여서 오늘은 더 즐거웠어."

맞춤법이 완벽하지 않아도 직접 써 보는 과정 자체가 아이들의

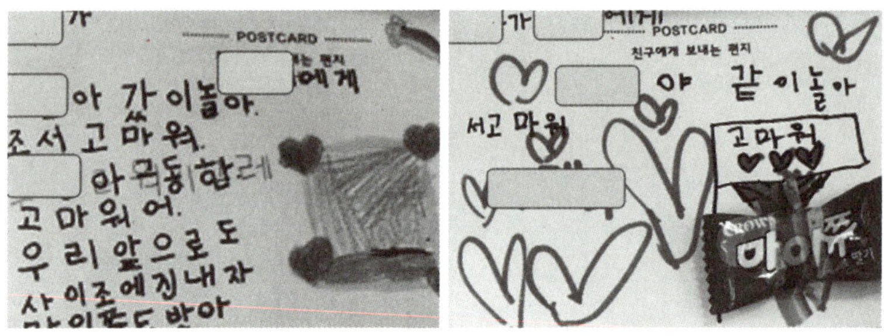

친구의 배려와 친절을 되새기며 진심 어린 고마움을 글로 표현하는 활동

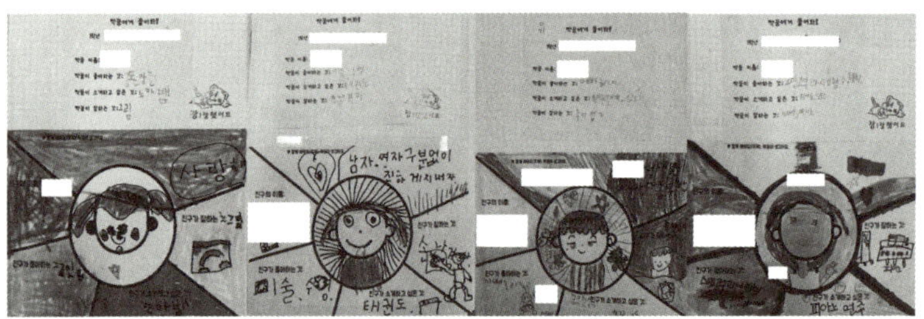

짝꿍을 인터뷰하고 신문으로 구성하며 서로의 장점과 존재의 소중함을 깊이 있게 성찰하는 시간

감정과 생각을 깊게 한다. IB PYP의 교육 원칙처럼 '관계'와 '소통'을 탐구하며, 한글은 관계를 이어 주는 진짜 도구가 된다. 아이들은 또래의 마음을 이해하고, 진심을 전하며, 배려를 직접 실천한다.

IB PYP 탐구 주제와 함께한 아이들의 실제 성장 사례

한글 수업과 IB PYP 탐구 주제가 만난 우리 반 1학년 아이들은 눈에 띄게 성장했다. 3월에 '가'과 '갸'를 헷갈려하던 아이가 5월이 되자 친구 소개 신문을 만들고, 포스트잇에 고민을 적어 스스로의 감정을 기록한다.

한글 쓰기를 어려워하던 아이도 점차 자신감을 얻으며 '글쓰기는 두렵거나 힘든 일이 아니라 내 마음을 보여 주는 창'임을 알게 된다. 수업마다 "너 정말 잘했어."를 들으며 아이들은 작은 시도에서 용기를 얻는다. IB PYP의 6가지 탐구 주제가 한글 교육에서 실제 성장의 에너지가 된다는 사실을 반 아이들이 스스로 증명한 셈이다.

6월을 향한 기대

완벽하지 않아도 아이들은 한글이란 날개를 단 셈이다. 한글로 그림책을 읽고, 탐구 일지를 쓰고, 프로젝트 활동과 창작 작업을 하며 더 넓은 세상으로 비상할 것이다.

"교육은 양동이를 채우는 것이 아니라 불을 지피는 것이다."
- 윌리엄 버틀러 예이츠

우리 교실에서 지펴진 작은 언어의 불씨가 길고 긴 학교생활 동안 끝없이 타오르길, 그리고 그 여정에 언제나 학부모님과 함께하길 바란다.

Chapter 5

학교 적응과
액션(Action)의 첫걸음
- 작은 용기가 만드는 변화

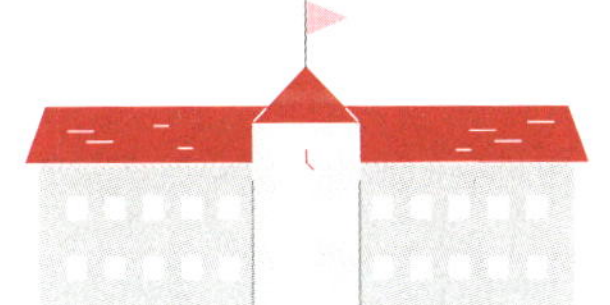

마음의 온도를 배우며 적응하다

학교 적응, 그 이상의 여정

3월 초, 새 학년의 교실은 언제나 설렘과 긴장이 공존한다. 아이들은 낯선 공간에서 새로운 친구, 교사, 규칙을 하나씩 익혀 간다. 흔히 이를 '학교 적응기'라 부르지만, 진정한 학교생활은 단순히 새로운 환경에 익숙해지는 데서 끝나지 않는다. '적응'은 출발점이며, 자신을 이해하고 감정과 행동을 연결해 가는 과정에서 진짜 배움이 시작된다.

학교생활의 본질은 '나'를 알아 가는 노력에 있다. 낯선 환경 속에서 자신의 감정을 인식하고, 그것이 관계와 행동에 어떤 영향을 주는지 깨달을 때 학교는 단순한 생활의 장이 아닌 성장의 무대가 된다. 아이들이 배우는 것은 지식만이 아니라 '자신을 이해하는 법'이며, 이는 IB 교육이 강조하는 핵심 가치이기도 하다.

우리 반 아이들도 그 여정을 시작했다. 낯선 학교에 익숙해지는 단계를 넘어, 점차 자신의 목소리를 내며 감정과 행동의 관계를 몸으로 배우기 시작했다. 놀이와 대화, 협동의 경험 속에서 아이들은 '마음의 변화'를 느끼고, 자신의 감정을 표현하고 조절하는 방법을 익혀 간다.

입학 첫 주, 한 아이가 놀이시간에 친구들 사이에 끼지 못해 눈물을 터트렸다. "지금 어떤 기분이니?"라는 질문에 아무 대답도 하지 못했다. 그러나 '마음을 배우는 공간'을 실천한 뒤 같은 상황에서 아이는 이렇게 말했다.

"선생님, 속상해서 눈물이 나요. 나도 같이 놀고 싶은데 누구한테 말해야 할지 모르겠어요."

짧지만 명확한 표현이었다. 이는 단순한 감정의 토로가 아니라 자신의 감정을 인식하고 언어로 표현하려는 긍정적 변화의 신호였다. 이후 교실 곳곳에서 이런 변화가 피어났다.

"슬퍼서 코가 찡했어요."

아이들의 감정 표현은 서툴고 단순했지만, 그 말 속에는 자기이해와 공감이라는 씨앗이 자라고 있었다.

아이들은 '액션(Action)', 즉 배운 것을 행동으로 옮기는 IB 배움의 실천을 작지만 진심 어린 방식으로 시작했다.

"기분이 나쁘다고 말했더니 친구가 미안하다고 했어요."

이런 경험들이 바로 진짜 액션이다. 배움을 통해 변화한 마음이 행동으로 이어지는 순간, 그 안에는 작은 용기가 있다. 그 용기가 바로 성장의 불씨이며, 진정한 적응의 완성이다.

마음의 모양을 발견하다 : '가시소년'과의 만남

감정에 대해 본격적으로 다루는 '마음을 배우는 공간' 실천의 시작은 그림책『가시소년』이었다. 이야기 속 소년은 마음이 다칠 때마다 몸에 가시가 돋는다. 아이들은 책장을 넘기며 조심스레 물었다.

"선생님, 이 소년은 왜 이렇게 뾰족한 가시가 많아요?"

"저도 친구랑 싸웠을 때 마음이 뾰족뾰족 가시처럼 아팠어요."

아이들의 반응은 그저 책 내용을 따라가는 것이 아니라 자신의 감정을 비춰 보는 거울이 되었다. 우리는 이야기 속 소년의 마음에 담긴 의미를 함께 이야기하고, 자연스럽게 '내 마음의 가시'에 대해 떠올렸다. 이어서 아이들은 유토(점토)와 이쑤시개를 이용해 고슴도치를 만들었다. 손끝에 닿는 이쑤시개의 따가움을 느끼며 아이들이 말했다.

"손이 찔리면 아픈데, 마음이 찔리면 어떨까요?"

"더 아플 것 같아요."

그날 완성된 '가시고슴도치'는 단순한 미술 작품이 아니었다. 보이지 않는 감정을 눈에 보이는 형태로 표현한 첫 시도였다. 어떤 아이의 고슴도치는 빽빽한 가시로 덮여 있었고, 다른 아이의 작품은

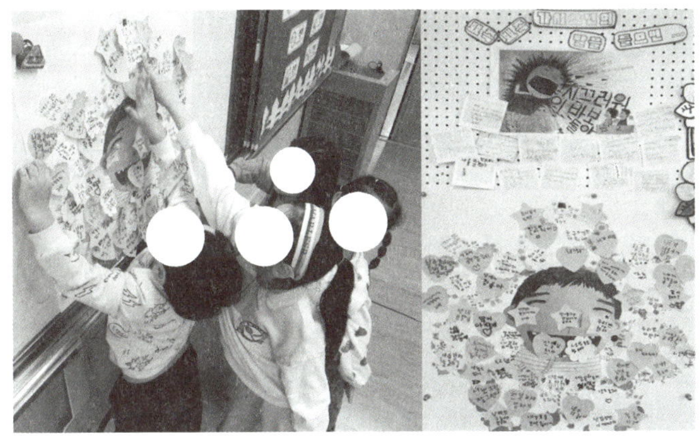

그림책 『가시소년』을 읽고 서로의 마음을 보듬어 주는 메시지를 나누며 보이지 않는 감정을 공유하는 모습

'가시고슴도치 만들기'를 통해 내면의 아픔과 감정을 시각화하고, 손끝으로 느껴지는 따가움을 통해 타인의 아픔까지 공감하는 시간

가시가 거의 없었다. 서로의 작품을 구경하며 아이들은 자연스럽게 대화를 나눴다.

"너는 가시가 많네, 요즘 속상했어?"

"응, 동생이 자꾸 내 물건을 망가뜨려."

'마음이 다칠 때 생기는 가시'는 누군가 내 마음을 알아주길 바라는 신호라는 사실을 깨달으며 서로의 마음을 이해하는 법을 배워 갔다. 수업이 끝날 무렵 한 아이가 물었다.

"선생님, 가시는 다 뽑아야 좋은 거예요? 없는 게 좋은 거죠?"

"아플 때 가시가 생기는 건 자연스러운 거란다. 대신 네 마음을 이해해 주는 친구가 생기면 그 가시는 금세 사라지겠지?"

그날 교실에 남은 것은 고슴도치 모양의 점토뿐만 아니라 감정을 표현하는 경험의 흔적이었다. 아이들이 마음의 모양을 손끝으로 느끼고 말로 나누는 과정은 '감정을 알아차리는 적응의 첫걸음'이었다. 보이지 않던 감정이 형태를 얻고, 그 이야기들이 서로의 마음을 잇는 다리가 되었다.

빨간 마음에서 배우는 감정의 언어

며칠 뒤, 교실에는 또 한 권의 그림책 『빨간 마음』이 펼쳐졌다. 이 책을 함께 읽으며 아이들은 화가 났을 때의 자신을 떠올렸다.

"저도 화날 때 얼굴이 빨개져요."

"그럼 어떻게 하면 빨간 마음이 진정될까?"라고 질문하자 여러 아이가 손을 들어 말했다.

"숨을 크게 쉬어요."

"울어요."

"아이스크림처럼 좋아하는 걸 떠올려요."

감정을 인식하고 조절하려는 아이들의 자발적인 배움이 담겨 있었다. 이 수업은 단순히 '화를 다스리는 방법'을 배우는 시간이 아니

그림책 『빨간 마음』을 읽고 화가 난 마음을 인식하고, 이를 진정시키는 방법을 공유하며 공감의 언어를 배우는 활동

었다. 아이들이 자신의 감정을 인정하고, 그 감정이 타인과의 관계 속에서 어떻게 드러나는지를 배우는 성찰의 시간이었다.

아이들은 '빨간 마음 활동'을 통해 자신의 감정을 색으로 표현하고, 서로의 결과물을 공유하며 공감의 언어를 배웠다. 감정을 부정하지 않고, 그것을 있는 그대로 받아들이는 힘, 감정의 변화를 인식할 수 있다는 것은 이미 한 단계 성장했다는 신호다.

교실이 '감정이 살아 있는 공간'으로 바뀌기 시작한 것도 바로 이때부터였다. 아이들은 자기 마음의 색을 이해하며, 타인의 마음에도 색깔이 있다는 사실을 깨달았다.

3월의 교실은 단순히 새로운 환경에 적응하는 공간이 아니었다. 아이들은 자신의 마음을 알아차리고, 그것을 솔직히 표현하며, 타인의 마음에도 귀를 기울이는 법을 배우고 있었다. 작은 변화처럼 보이지만 그 안에는 '함께 살아가는 법'을 배워 가는 큰 성장이 담겨 있다. 이 봄날의 교실에서 싹튼 그 배움은 더 넓은 세상 속으로 이어질 것이다.

나의 감정을 세상과 연결하기

"오늘은 슬펐다. 친구가 나를 놀렸지만, 나중에 사과해서 괜찮아졌다."

고민을 담은 짧은 편지, 하루의 기분을 단어로 표현하는 쪽지 활동이 자연스럽게 이루어진다.

실제로 우리 반 고민 상담 가방에는 "오늘도 속상했다. 그런데 친구도 미안하다고 했다. 다음부터는 정말 안 그러면 좋겠다." 같은 편지가 채워진다. 이 기록 하나하나가 아이의 감정, 상황 인식, 문제 해결 능력을 보여 주는 소중한 과정이 된다.

고민이나 하루의 기분을 편지로 써서 속상한 마음을 털어 내고, 인형과 교감하며 스스로 정서적 안정감을 찾아가는 활동

'우리'라는
공동체를 만들어 가다

타인을 이해하며 관계를 넓히는 단계 : 좋은 씨앗 약속

3월이 자기 자신을 이해하는 시간이었다면, 4월은 '우리'라는 관계와 공동체의 의미를 배우는 시기였다. 이제 아이들은 자신의 감정뿐 아니라 친구의 기분은 어떤지, 오늘 교실의 분위기는 어떤지, 그리고 여러 사람이 함께 어울리며 지내는 방법은 무엇일지에 자연스럽게 관심을 갖게 되었다. 작지만 중요한 변화였다.

이런 관심은 그림책 『나쁜 씨앗』을 함께 읽으며 더욱 자랐다. 아이들은 이야기 속 씨앗의 마음 상태에 대해 질문을 던졌다.

"선생님, 나쁜 씨앗은 마음이 나쁠 때 그렇게 되는 거예요?"

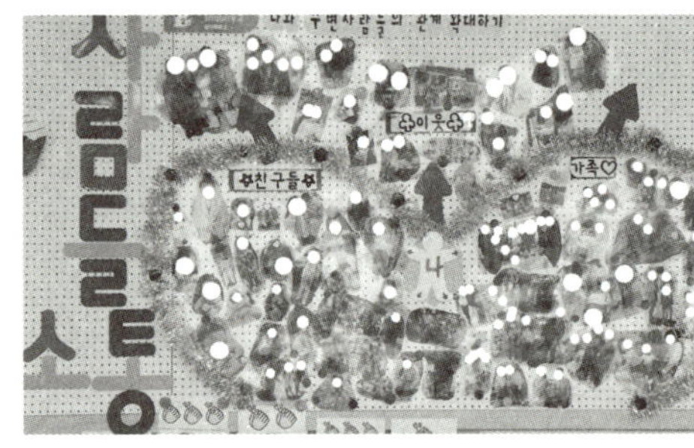

나를 중심으로 가족, 친구, 이웃 등 내 삶을 둘러싼 다양한 관계를 시각화하며 확장된 공동체 범위를 탐색하는 활동

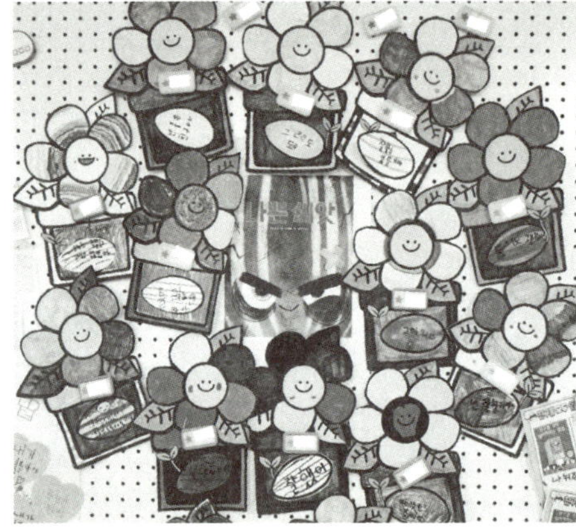

그림책 『나쁜 씨앗』을 읽은 뒤 '좋은 씨앗 약속'을 심고 실천을 통해 새싹을 틔우며 함께 자라 가는 우리를 표현한 활동

"우리 반에 좋은 씨앗을 심으려면 어떻게 해야 할까?"

아이들은 자연스럽게 생각을 모았다.

"저는 친구들에게 웃으면서 인사할래요."

"저는 친구가 실수해도 놀리지 않을래요."

"저는 동생을 괴롭히지 않을래요."

이 다짐들은 곧 '좋은 씨앗 약속'이 되었다.

아이들은 나만의 화분 도안을 꾸미고 씨앗 모양 종이 뒤에 자신이 한 약속을 적은 후 심었다. 그리고 약속을 실천한 날에 '잘했어.', '훌륭해.', '괜찮아.'와 같은 칭찬의 말을 씨앗에 쓰고, 작은 '새싹 스티커'를 씨앗 끝에 붙였다. 화분마다 조금씩 자라나는 새싹처럼 우리의 교실도 매일 조금씩 자라고 커 가는 모두의 따듯한 마음이 모인 공동체로 변화하고 있었다.

스스로 문제를 발견하고 해결을 모색하는 주도성의 성장

'좋은 씨앗 약속'이 교실 안에서 익숙해질 즈음, 아이들은 학교생활 속에서 불편하거나 바꾸고 싶은 점에 관심을 갖기 시작했다. "화장실이 너무 더러워요.", "쉬는 시간이 너무 시끄러워요.", "친구들이 자꾸 뛰어다녀서 부딪힐까 봐 무서워요."와 같은 의견이 나왔다. 교사의 지시가 아닌, 아이들 스스로 문제를 발견하고 해결을 고민하기 시작한 것이다. 이 과정은 단순한 생활지도를 넘어 공동체 안

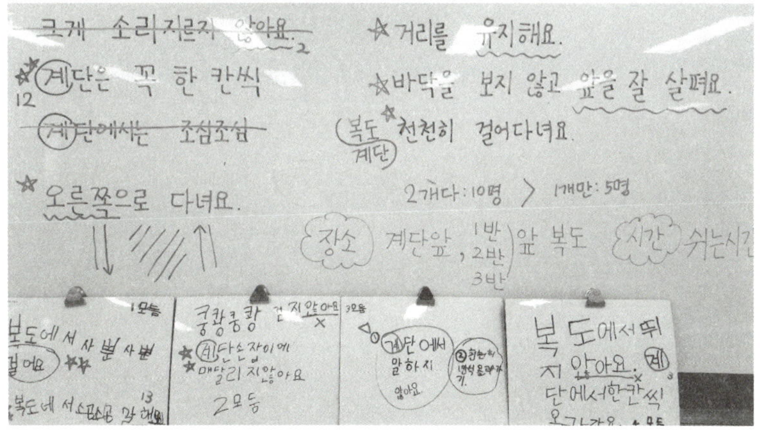

학교 곳곳에서 느끼는 불편함을 스스로 찾고 공동체를 위한 구체적인 실천 약속을 함께 고민하는 모습

학교생활의 불편함을 해결하기 위해 모둠별로 의견 정리와 캠페인 팻말 제작 등
각자의 역할에 맞춰 소외됨 없이 참여하는 모습

에서 '참여'와 '책임'을 배우는 의미 있는 배움의 순간이 되었다.

이후 아이들은 문제 상황을 구체적으로 기록하고 해결 방안을 함께 논의했다. "휴지통이 넘치면 누가 치울까?", "복도에서 서로 부딪히지 않으려면 어떻게 해야 할까?" 같은 생활 속 주제가 문제해결 주제가 되었다. 모둠 친구 의견을 정리하는 아이, 친구들 생각을 모아 발표하는 아이, 결정된 내용을 또박또박 바른 글씨로 팻말에 적는 아이 등 한 명도 소외되지 않고 모두가 자신에게 맞는 방식으로 역할을 찾아 참여했다. 서로의 방식은 달랐지만, 학교생활의 문제를 스스로 해결하려는 주인의식이 뚜렷하게 드러났다.

아이들은 자신들이 만든 문제해결 문구의 팻말을 들고 교내 곳곳에서 캠페인 활동을 했다. 이 팻말들은 단순한 안내문이 아니라 아이들의 목소리가 담긴 약속이자 스스로 만든 규칙이었다. 작은 실천이 쌓이자 학교는 조금씩 변화하기 시작했고, 아이들은 자신들의 손으로 만든 변화를 눈으로 확인하며 뿌듯함을 느꼈다. 이 과정은 아이들에게 배움의 진짜 의미를 전해 주었다. 결과가 완벽하지 않아도 스스로 정한 약속을 지키려는 노력, 친구와 협력해서 변화

스스로 정한 문제 해결 문구를 팻말에 담아 교내 곳곳에서 캠페인을 펼치는 모습

를 만들어 가는 경험은 무엇보다 값진 성장의 순간이었다.

교사가 주도하던 캠페인은 어느새 아이들이 스스로 이끄는 문화로 발전했고, '함께 지키는 약속'은 '스스로 만들어 가는 학교'로 확장되었다. 아이들은 매일의 생활 속에서 자신이 할 수 있는 변화를 찾아 실천하며, 진정한 주도성과 책임감을 키워 갔다.

누군가의 지시에 따라 움직이던 어린 학생들이 이제는 스스로 목소리를 내고, 그 목소리가 학급과 학년의 문화를 바꾸어 나가는 주체로 성장하고 있다. '좋은 씨앗 약속'에서 시작된 작은 실천은 학생 중심의 '캠페인'을 거쳐, 결국 '스스로 변화를 만들어 가는 힘'을 길러 주는 교육의 여정으로 확장되고 있다.

성장과 성찰을 처음 느끼다

5월의 교실은 3월과 달랐다. 낯섦은 사라지고 아이들의 얼굴에는 자신감이 스며들었다. 이 변화는 하루아침에 이루어진 것이 아니라 매일의 작은 실천과 경험이 쌓여 자연스레 나타난 결과이다. 어느 날, 그림책 『진정한 일곱 살』을 함께 다시 읽으며 지난 시간을 돌아보았다. 아이들은 자신이 얼마나 달라졌는지, 그리고 그 변화가 어떤 의미인지를 스스로 깨달았다.

"선생님, 저는 이제 진짜 1학년이에요."

"이젠 혼자 신발도 잘 신고, 집에 갈 때 가방도 잘 챙겨요."

"급식도 이제 골고루 먹을 수 있어요."

"전에는 친구랑 싸우면 울어 버렸는데, 이제는 말로 해결해요."

목소리에는 스스로 '성장했다'는 자부심이 묻어났다. 이 자부심은 남에게 보여 주기 위한 것이 아닌, 스스로에게 보내는 조용한 칭찬이었다.

이날 '성장 버블 활동'을 통해 아이들은 자신이 할 수 있는 일, 잘하는 점, 더 성장하고 싶은 부분을 비눗방울 스티커에 적었다. 한글이 서툰 아이는 그림으로, 문장을 잘 쓰는 아이는 짧은 글로 표현했다.

완성된 비눗방울을 자신의 모습 그림 주변에 붙인 뒤, 아이들은

'내가 할 수 있게 된 것'에 이름을 붙이며 성취를 확인하고, 더 노력할 점을 스스로 찾아보는 시각화 활동

성장 비눗방울을 공유하며 서로의 도전을 응원하고 격려하는 시간

서로의 공책을 둘러보며 "넌 이걸 정말 잘해.", "나는 아직 노력하는 중이야."라며 솔직하게 격려와 공감을 주고받았다. 이 과정에서 아이들은 '나도 조금씩 자라고 있구나.'를 느꼈고, 교실은 노력의 흔적이 가득한 '성장의 기록장'이 되었다.

이러한 변화는 가정으로도 이어졌다.

"엄마, 오늘 동생한테 화가 났는데 가시소년처럼 가시가 생기지 않으려고 참아 봤어요."

"아빠, 이제는 혼자 내 방 정리를 잘할 수 있어요. 진짜 여덟 살이거든요."

"엄마, 제가 만든 '좋은 씨앗' 화분이 있는데요. 매일 지키려고 노력하면 새싹을 붙이고 키울 수 있어요."

아이들은 학교에서 배우고 다짐한 행동들을 스스로 실천했고, 부모들도 그 변화를 인식했다.

"표현이 풍부해졌어요."

"이제는 잘못을 이야기하고 먼저 사과해요."

"집에서도 캠페인을 하자고 하더라고요."

부모들의 목소리에는 아이의 성장을 지켜보는 뿌듯함이 담겨 있었다. 교실에서 피어난 용기와 실천의 힘은 가정을 거쳐 아이들의 일상으로 퍼져 나갔다.

5월의 아이들은 '성장'을 단순한 배움의 결과가 아닌, 스스로 경험하며 만들어 가는 여정으로 이해하기 시작했다. 이는 더 이상 선생님의 칭찬을 바라보며 기뻐하는 것이 아니라 스스로를 알아차리고 기뻐할 줄 아는 힘이었다. 이 깨달음은 1학년 아이들이 함께 만든 소중한 액션, 즉 삶을 변화시키는 자기주도적인 실천의 시작이었다.

이제 더 이상 '적응'이라는 단어는 이 교실에 어울리지 않는다. 아이들은 학교라는 공간을 자신의 생활 터전으로 만들고, 1학년으로서의 정체성을 확립했다. 스스로의 감정을 이해하고, 다른 사람의 마음을 헤아리며 함께 성장하는 방법을 배웠다. 작은 약속을 실천하며 교실과 주변을 변화시킨 경험은 아이들에게 자신감을 심어 주었다.

이제 그들은 한 단계 더 나아가, 6월부터 이어질 2단계 '탐구와 표현(6~8월)'의 여정을 준비한다. 더 넓은 세상에 대한 호기심을 품고, 자신만의 시선과 목소리로 세상을 탐구하며 표현하는 새로운 도전을 향해 나아갈 시간이다.

"마음이 변하면 행동이 변하고, 행동이 변하면 습관이 변하며, 습관이 변하면 인격이 변하고, 인격이 변하면 운명이 변한다."

작은 마음의 변화가 커다란 삶의 발걸음을 만들어 가는 아이들의 배움 여정이 이제 막 시작되었다.

IB월드스쿨 선생님 추천

가정에서 함께하는 초등 IB 실천 가이드

집에서 실천하는 한글 교육

한글 문해력은 교실에서만 길러지는 것이 아니라 가정이라는 일상 공간에서 자연스럽게 자라난다. 부모는 다양한 언어 경험을 아이에게 제공하며 그 성장의 기반이 되어 줄 수 있다.

질문으로 시작하는 한글 탐구

"네 이름은 왜 그렇게 지어졌을까?", "이 글자는 왜 이렇게 생겼을까?", "오늘 기분을 한글로 써 볼까?" 이런 질문들은 글자를 배우는 재미와 언어의 의미를 함께 깨닫게 해 준다. 책 속 글자를 넘어서 아이가 평소 쓰는 말과 이름, 느낌 속에서 한글을 탐구하도록 유도해 본다.

일상 속 한글 발견하기

마트에서 상품명을 소리 내어 읽거나, 아파트 동호수를 한글로 바꿔 읽어 본다. 길거리 간판에서 재미있는 상호명을 찾아보고, 주변에서 만나는 글씨를 이야기의 소재로 삼는다. 가족 이름과 친구 이름을 예쁘게 써 보며, '우리 집 글자 지도' 같은 작은 프로젝트를 해도 좋다.

아이만의 한글 창작소 만들기

집 안에 '글쓰기 코너'를 마련해서 다양한 필기구와 종이를 자유롭게 사용할 수 있게 해 준다. 아이가 만든 글자나 단어, 짧은 쪽지, 일기, 질문 등을 작게 전시할 공간을 만들어 주는 것도 좋은 방법이다. 이렇게 한글 쓰기가 특별한 놀이로 확장될 때 아이의 호기심과 자발성이 살아난다.

감정과 연결된 한글 학습

기분 좋은 날, 기쁜 일을 간단히 글로 표현해 보거나 마음을 담아 고마운 편지를 써 본다. 궁금한 것, 하고 싶은 말을 질문이나 짧은 기록으로 남기는 습관을 함께 길러 주는 것도 중요하다. 손편지, 쪽지, 짧은 감정 일기 등 모든 자발적 글쓰기는 아이의 성장에 소중한 자산이 된다. 어떤 내용이든 "잘했다", "멋지다."라는 격려를 아끼지 않는다면 아이의 탐구 동기와 문해력은 자연스럽게 깊어질 것이다.

'좋은 씨앗' 실천 일기 쓰기

하루 동안 자신이 건넨 따뜻한 행동이나 다정한 말을 기록하며 자연스럽게 글쓰기 습관을 들이자.

"오늘 누구에게 어떤 좋은 씨앗을 심었니?"라는 질문은 아이가 자신의 행동을 되돌아보며 일상 속에서의 선한 영향력을 스스로 자각하도록 돕는다. 작은 기록들이 쌓여 한글 실력이 늘어갈수록 아이의 마음속에는 세상을 더 좋은 방향으로 바꿀 수 있다는 단단한 믿음이 함께 자라난다.

탐구와 표현(6~8월)
: 궁금함이
즐거운 배움으로 이어지다

6월이 되면 1학년 아이들은 학교생활에 적응하게 된다. 더 이상 "선생님, 이거 맞아요?"라고 묻지 않는다. 대신 "선생님, 제 생각은요."라고 말하기 시작한다. 바로 이 시기가 진정한 탐구와 표현이 꽃피는 때이다.

칼릴 지브란의 시는 우리에게 중요한 깨달음을 준다. 아이들은 우리의 생각을 담는 그릇이 아니라 그들만의 독특한 사고와 표현을 가진 독립적인 존재라고…. IB 교육이 추구하는 것이 바로 이것이다. 교사가 정답을 주입하는 것이 아니라 아이들이 스스로 탐구하고 자신만의 방식으로 표현할 수 있도록 돕는 것이다.

아직 한글 쓰기가 서툰 아이들도 그림으로, 몸짓으로, 때로는 노래로 자신의 발견을 표현한다. 한 아이는 '더위'를 표현하기 위해 빨간색

크레파스를 종이가 찢어질 정도로 칠했고, 다른 아이는 온몸을 축 늘어뜨리며 "이게 더위예요."라고 했다.

교사인 우리는 이런 다양한 표현 앞에서 겸손해진다. "그들에게는 그들만의 생각이 있기 때문"이라는 지브란의 말처럼 아이들은 우리가 상상하지 못한 방식으로 세상을 보고 표현한다. 우리의 역할은 정답을 가르치는 것이 아니라 그들의 고유한 목소리가 나올 수 있도록 안전한 공간을 만드는 것이다.

8월 말, 한 학부모님이 말씀하셨다.

"아이가 이렇게 깊이 생각할 수 있는 줄 몰랐어요."

아이들에게 우리의 생각을 강요하지 않을 때 아이들은 우리를 놀라게 하는 그들만의 세계를 보여 준다. 표현하는 자신감을 가진 작은 철학자들의 탄생, 이것이 여름 3개월 동안 우리가 목격하는 기적이다.

Chapter 6

자기주도학습의 첫걸음

- 놀이가 공부가 되는 순간

1학년에서 시작되는
자기주도성

2025년 6월, 점심시간이 끝난 1학년 교실에서 블록을 쌓으며 놀던 아이들이 말했다.

"선생님, 저희 지금 공부하고 있어요."

처음에는 그저 노는 줄 알았는데, 가까이 가서 들어 보니 진지한 대화가 오가고 있었다.

"이 블록을 3개씩 묶으면 몇 묶음이 될까?"

"잠깐, 내가 세어 볼게. 하나, 둘, 셋… 4묶음이고 2개가 남아!"

"그럼 모두 몇 개야?"

"3씩 4번 더하면 12, 그리고 2 더하면… 14개!"

아이들은 놀면서 곱셈의 개념을 탐구하고 있었다.

2학년 교과서에 나오는 내용을 1학년 아이들이 놀이를 통해 자연스럽게 발견하고 있었다.

"너희들 지금 뭐 하는 거야?"라고 물으니 한 아이가 대답했다.

"블록 나라를 만드는데요. 사용할 블록을 공평하게 나누려고 해요. 이게 진짜 어려워요."

'자기주도학습(Self-Directed Learning)'이라는 말을 들으면 왠지 어렵고 특별한 사람들만 할 수 있는 공부 방법 같다는 생각이 들 수 있다. 하지만 자기주도학습은 누구나 어릴 때부터 조금씩 키울 수 있는 아주 자연스러운 능력이다. 쉽게 말해, 자기주도학습은 스스로 궁금한 것을 찾고, 그 궁금증을 풀기 위해 계획을 세우고, 나중에 결과를 스스로 되돌아보는 힘이다.

어른들에게 꼭 필요한 능력처럼 보이지만, 실제로는 이 능력의 씨앗이 아주 어린 시절에 뿌려지고 자라나기 시작한다. 특히 초등학교 1학년은 그 첫 출발선에 서 있는 시기라 할 수 있다.

아이가 "오늘은 어떤 놀이를 해 볼까?", "누구와 함께 하고 싶지?", "이걸 완성하려면 어떤 재료가 필요하지?"처럼 스스로 무언가를 '선택'해 본 경험이 반복될수록 내 마음을 결정하는 힘이 커진다. 예를 들어, 학교에서 오늘 만들 작품을 직접 골라 보고, 친구나 선생님께 도움이 필요하다고 말해 보는 경험도 모두 이런 자기주도성의 시작이다.

1학년 아이는 하루에도 여러 번 '실수'를 하게 된다. 블록으로 높은 탑을 쌓아 올렸다가 무너져 버릴 때, 그림을 그리는데 색이 번져 버릴 때, 발표 도중 말이 꼬였을 때 아이는 아쉬움과 속상함을 느끼기도 한다. 그렇지만 이런 시행착오의 경험이야말로 아이 스스로 생각하고, 다시 도전하고, 자신만의 방법을 찾는 기회를 제공한다. 문제가 생기면 블록을 더 튼튼하게 쌓는 방법을 고민해 보고, 실수한 그림을 새롭게 꾸며 보며 재미있는 작품으로 바꿔 보는 방식으로 아이는 자랄 수 있다.

자기주도학습의 골든 타임, 초등학교 1학년

초등학교 1학년은 바로 이런 경험들이 자연스럽게 일어날 수 있는 '성장 골든타임'이다. 아이가 다양한 선택을 하고, 실수도 해 보고, 놀이를 통해 자신감을 얻을 수 있도록 격려해 준다면 아이는 조금씩 스스로 배우는 힘을 키워 가게 될 것이다.

이렇게 학습 초기 단계에서부터 쌓이는 다양한 경험은 앞으로의 공부뿐만 아니라 인생을 살아가는 데에도 든든한 바탕이 된다. 아이가 쉽게 포기하지 않고 시도와 실패를 반복하며, 점점 더 나은 방법을 찾는 연습을 하도록 솔직한 칭찬과 따뜻한 격려가 필요하다. 집에서도 "네가 골라 볼래?", "네 생각은 어떠니?", "이번에는 어떻게 하면 더 잘 될까?" 같은 질문을 건넨다면 아이는 스스로 생각하고 선택하고 도전할 용기를 점점 더 키워 갈 수 있을 것이다.

어쩌면 지금 이 순간 어딘가에서 우리 아이들은 자신의 힘으로 세상을 마주하고 있을지 모른다. 아주 작은 일상에서 자신만의 주도성, 도전정신을 키우는 경험은 미래에 큰 힘이 되는 자양분이 될 것이다.

자기주도학습의 씨앗은 초등학교 1학년 아이들의 생기 넘치는 일상 속에 이미 자리하고 있다. 이 씨앗이 건강하게 싹트고 자랄 수 있도록 곁에서 지켜보고 따뜻하게 격려하는 부모와 교사의 역할이 무엇보다 중요하다. 아이가 스스로 배우는 힘을 기르며 성장해 나가는 과정을 부모와 교사가 옆에서 함께할 때 비로소 자기주도성이라는 결실이 아름답게 맺힐 수 있을 것이다.

놀이로
자기주도성을 키우다

교실 한쪽에서 사랑이와 친구들이 신나게 블록을 쌓고 있다.

사랑 : "어? 또 탑이 무너졌네. 왜 이러지?"

우정 : "사랑아, 밑에다 넓은 블록 깔아 볼까? 그래야 안 무너질 것 같은데."

사랑 : "좋아! 이거 제일 넓은 블록이니까 제일 아래에 놓자."

(둘이 함께 블록을 쌓는다.)

사랑 : "와, 이번에는 탑이 안 무너졌어!"

우정 : "진짜네! 우리가 아까랑 다르게 해서 그런가 봐."

사랑 : "맞아. 이제 저기까지 다리도 연결해 볼까?"

우정 : "응. 이번에는 내가 다리 쪽 블록 가져올게."

(선생님이 다가온다.)

선생님 : "사랑아, 우정아, 탑이 안 무너지게 잘 쌓았네."

사랑 : "밑에 넓은 블록을 깔아서 그런 것 같아요."

우정 : "아까랑 다르게 쌓았더니 더 튼튼해진 것 같아요."

선생님 : "멋진데? 실험도 해 보고 서로 생각도 나누고 정말 대단해!"

사랑 : "다리도 더 길게 연결해 보고 싶어요."

우정 : "나도 좋아! 우리 이번에는 진짜 긴 다리 만들어 보자!"

놀이가 공부가 되는 순간은 아이가 처음으로 '자기주도학습자'가 되는 감동적인 순간이라 할 수 있다. 초등학교 1학년 아이는 하루 대부분을 놀이 속에서 보낸다. 얼핏 보면 단순한 놀이일 뿐이지만, 그 속에는 아이의 호기심과 탐구심, 그리고 수많은 자기주도적 배움의 기회가 자연스럽게 깃들어 있다.

평범한 역할놀이, 블록 쌓기, 색종이 접기, 간단한 게임 등 모든 놀이가 아이에게는 세상을 탐구하는 소중한 실험장이 된다. 놀이를 하며 아이는 스스로 학습 목표를 설정하고, 방법을 선택하며, 자신만의 속도로 시도와 성찰을 반복한다. 이 경험의 반복은 아이의 내면에 '스스로 계획한다.', '내가 조절한다.', '스스로 평가한다.'는 자기주도학습의 핵심 역량을 길러 준다.

이 과정에서 가장 중요한 변화는 아이가 선생님이나 어른이 알려 주는 대로만 따라 하던 모습에서 벗어나 스스로 배우고 성장하는 멋진 사람이 된다는 것이다. 예를 들어, 블록으로 탑을 쌓다가 탑이 무너졌을 때 아이는 왜 탑이 무너졌는지 스스로 생각해 보고, 다음에는 어떻게 하면 더 튼튼한 탑을 만들 수 있을지 궁리하며 다시 도전하게 된다.

역할놀이를 하다가 친구와 생각이 달라졌을 때 자기가 하고 싶은 말을 용기 내어 말해 보기도 하고, 친구가 뭐라고 말하는지 잘 들어 주기도 하면서 함께 좋은 방법을 찾아간다. 이때 부모님이나 선생님이 바로 답을 주지 않고 응원만 해 주는 것이 좋다. 그래야 아이가 스스로 생각하고, 해 보고, 끝나고 난 후에는 어떻게 했는지 돌아보는 힘을 키울 수 있다.

이렇게 아이는 실수와 실패도 내 힘으로 이겨 내면서 점점 더 성장한다. 어른이 가르치는 것보다 아이 스스로 고민하고 노력하며 한 걸음씩 나아가는 이 소중한 순간들이 더 값지다. 부모님이 뒤에서 지켜봐 주고 믿어 주는 순간, 아이의 마음에도 '나는 할 수 있다.'는 용기가 싹트게 된다. 이 변화야말로 진정한 기적의 순간이다.

놀이에서 피어나는 자기주도학습의 꽃

초등학교 1학년 아이들에게 놀이 시간은 그 어떤 수업보다도 아이가 스스로 배우는 힘, 즉 자기주도학습 능력을 키우는 데 가장 좋은 기회이자 자연스럽고 효과적인 배움의 장이라고 말할 수 있다. 세계적으로 유명한 심리학자인 알베르트 반두라 교수는 '사회인지 학습 이론'에서 '자기효능감'이라는 개념을 이야기했다. 이것은 '나는 해낼 수 있다.'라는 자신감이다. 이러한 마음은 아이가 놀이를 하면서 무언가 성공을 경험할 때 자연스럽게 자라날 수 있다.

아이들이 놀이터에서 어떤 놀이를 할지 스스로 선택해 보고, 하고 싶은 걸 마음껏 시도해 보고, 때로는 친구와 싸우기도 하지만 힘을 합쳐 함께 문제를 해결하면서 배움의 기쁨을 경험할 수 있다. 이런 소중한 과정이 아이의 마음과 생각을 건강하게 키워 줄 것이다.

가장 중요한 일은 부모님과 선생님이 아이가 자유롭게 놀고 배우는 환경을 마련해 주는 일이다. 아이를 믿고 응원해 주며, 실수하더라도 옆에서 따뜻하게 지켜봐 주는 것이 어른으로서 할 수 있는 가장 큰 역할이다. 바로 이 순간, 아이는 즐거움 속에서 스스로 힘을 키우고, 또 자라는 기쁨을 맛보게 된다. 이런 변화는 아이와 함께하는 어른의 마음에도 큰 감동과 행복을 선물해 줄 것이다.

따라서 놀이가 공부가 되는 순간은 단순히 새로운 지식을 쌓는 것에 그치지 않는다. 그 시간은 아이가 평생학습자로서 세상과 자신의 삶을 주체적으로 발견해 나가는, 가장 빛나는 순간임을 우리는 잊지 말아야 한다. 이러한 특별한 순간들이 허투루 스쳐 지나가지 않도록 아이의 작은 도전과 성장을 진심으로 믿고 따뜻하게 지켜봐 주어야 한다.

**아이의 곁에서 함께하며 보내는 응원과 믿음,
그것이 바로 우리가 아이의 자기주도학습 여정에 줄 수 있는
가장 귀한 선물임을 항상 기억하자.**

Chapter 7

표현하고 소통하는 아이들

– 생각을 말과 행동으로 드러내다

다양한 감각으로 소통하기

　6월의 교실, 아이들의 눈빛이 달라졌다. 학교라는 공간에 익숙해진 아이들은 이제 자신의 생각과 느낌을 표현하기 시작했다. 이 시기의 아이들에게 가장 필요한 것은 '나를 어떻게 전할 것인가-자신을 표현하는 방법을 찾는 것'이다.

　"생각을 문장으로 말해 볼까?"

　"그 마음을 어떤 언어로 표현해 볼까?"

　하지만 때로 아이들은 말한다.

　"선생님, 제 마음을 어떻게 말해야 할지 모르겠어요."

　그래서 우리는 언어의 경계를 넓혀야 한다. 말과 글이 전부가 아니다. 그림, 몸짓, 색, 소리, 작품 등 무엇이든 아이들의 마음을 전하는 언어가 된다. 마침 우리가 함께 탐구하는 우리 문화의 풍부한 소재들이 그 다양한 표현 언어를 배울 수 있는 완벽한 발판이 되어 주었다.

말 밖의 언어로 여는 첫 문을 함께 열어 보자.

몸으로 말해요 : 움직임과 춤으로 전하는 감정

북청사자놀이와 전통탈춤 체험은 아이들에게 '몸의 언어'를 열어 준다. 평소 말과 글보다 움직임과 표정으로 자신을 더 잘 표현하는 아이들에게 이 시간은 새로운 소통의 문이 된다.

"사자가 이렇게 움직여요."

준하가 사자의 걸음과 어깨 흔들기를 재현하자 교실은 금세 웃음으로 가득 찼다.

머리를 흔들고, 엉덩이를 씰룩이며 사자의 리듬을 따라가는 동안 아이들은 자신의 몸으로 이야기하는 방법을 배운다.

몸으로 표현하는 활동은 특히 언어 발달이 느리거나 수줍음이 많은 아이에게 중요한 표현 수단이 된다. 말로는 쉽게 꺼내지 못했던 감정과 생각이 동작을 만나면, 그들도 교실 속에서 자신만의 목소리를 찾는다.

"호담이는 평소에 말이 별로 없는데 탈춤 출 때는 정말 신나 보였어요."

"하정이는 발표를 잘 안 하지만, 탈을 쓰고 돌아다닐 때는 완전 다른 아이 같아요.”

　전통 탈을 직접 쓰고 움직임을 표현하는 과정에서 아이들은 얼굴을 가림으로써 오히려 더 자유로운 표현의 세계를 경험한다. 탈이라는 매개체가 주는 안전감이 수줍음의 장벽을 허물고 내면의 감정이 온몸을 통해 솔직하게 흘러나오는 것이다.

　몸짓과 춤은 모든 아이가 평등하게 참여할 수 있는 보편적 언어다. 언어적 표현이 어려운 아이도, 문화적 배경이 다른 아이도 같은 공간에서 동등하게 자신을 드러내고 소통할 수 있다. 교실은 누구나 목소리를 낼 수 있는 무대가 되고, 아이들은 “내가 표현할 수 있다.”는 감각을 몸으로 먼저 경험한다.

색과 형태의 언어 : 태극기와 오방색으로 마음 그리기

　이제 아이들은 말 밖의 또 다른 언어, 색과 형태로 마음을 그려 볼 차례다. 매일 교실 앞 칠판 위에 걸려 있던 태극기가 이렇게 깊은 이야기를 담고 있을 줄은 몰랐다. 열광과 환호 속에 진행된 ‘태극기 틀린 그림 찾기’ 게임은 단순한 놀이를 넘어 ‘시각적 소통’의 훈련이었다.

　“괘가 바뀌었어요.”

　“태극 모양이 이상해요.”

　“색깔이 틀려요.”

　아이들은 태극기의 구성 요소와 상징적 의미를 배우며, 색과 형태가 전하는 메시지를 읽어 내는 법을 배운다. 청색과 적색의 태극 문양은 음과 양의 조화를, 네 모서리의 괘는 하늘·땅·물·불을 상징한다는 사실을 알게 되면서 아이들은 색과 형태가 메시지를 전하는 방식에 눈을 뜬다.

다양한 재료로 태극기를 표현하는 과정에서 아이들은 각자만의 시각 언어를 발견한다.

각자의 선택이 곧 '자신만의 시각 언어'가 되면서 아이들은 다름 속에서 '표현의 자유'를 배운다. 글자가 아직 서툰 아이도 색과 형태

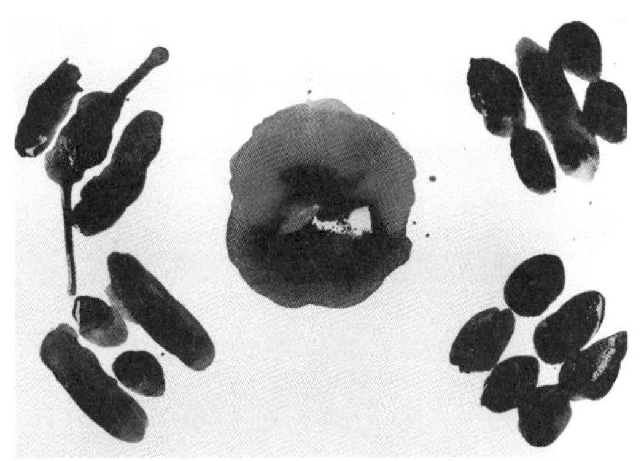

물감을 번지게 해서 밝음(양)과 어둠(음)을 표현한 태극기

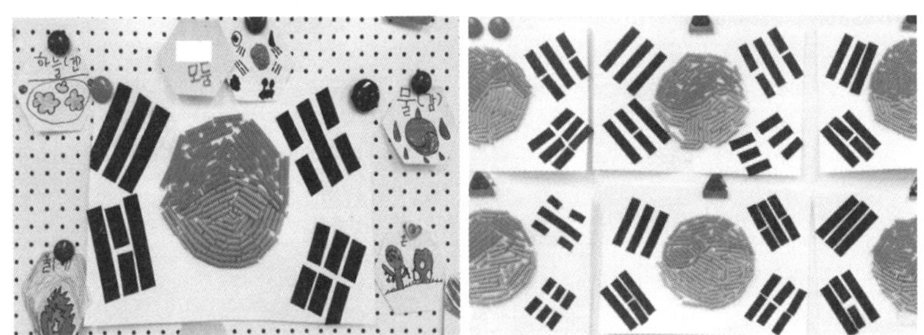

빨대를 잘라 붙여서 만든 태극기

122

로 충분히 이야기할 수 있다는 사실을, 친구들의 작품을 보며 자연스럽게 확인한다.

오방색(청, 적, 황, 백, 흑)을 배우며 아이들은 색이 단순한 꾸밈 요소가 아닌 '감정과 의미'를 담는 그릇임을 경험한다.

"여러분, 마음에도 색이 있을까요?"

"기쁠 때는 노란색이에요."

"슬플 때는 회색이에요."

아이들이 직접 만든, 저마다의 '마음의 색'이 담긴 노리개와 부채

전통 문양을 오방색으로 표현하고 노리개와 부채를 만들면서 아이들은 자신의 감정과 정체성을 색으로 표현했다.

"저는 빨간색을 많이 썼어요. 태양 같은 멋지고 밝은 사람이 되고 싶어요."

"저는 파란색이 좋아요. 하늘이나 바다처럼 넓고 푸른 사람이 될래요."

이렇게 탄생한 색의 조합은 아이들의 내면 지도를 닮아 있다. 서로 작품을 보며 "왜 그 색을 골랐어?"라고 묻고, "나는 검정색을 좋아하는데, 다 검정색으로 표현할 수 없잖아. 그래서 진한 색만 골라서 색칠한 거야."라고 답하는 순간, 색은 온전한 대화의 매개가 된다. 말로 설명하기 힘든 감정과 생각도 색과 형태라는 언어로 전할 수 있다는 발견이다.

태극기와 오방색으로 확장된 이 경험은 '누구나 참여할 수 있는 표현'의 가치를 보여 준다. 말보다 먼저 도착한 색과 형태가 아이들의 마음을 부드럽게 열어 주었고, 서로의 마음을 읽는 감수성 또한 함께 자라났다.

함께 그리면 달라지는 대화 : 협동화로 배우는 소통

'그림으로 하나 되는 우리' 협동화는 아이들에게 '함께 표현하기'의 기쁨을 알려 준다. 개인의 표현을 넘어 공동의 작품을 만들며 아이들은 더 깊은 차원의 소통을 경험한다. 교실 바닥에 둥글게 모여 앉아 우리 반 '우리나라 협동화'를 완성하는 과정 자체가 하나의 대화였다. 말보다 먼저 눈빛과 손짓, 고개 끄덕임으로 서로의 속도를 맞추고, 색이 겹치는 지점을 맞춰 주며 비언어적 소통으로 그림을 엮어 간다.

"네가 색칠한 무궁화 잎은 무슨 색이야? 내가 칠한 색이랑 어울릴까?"

"내 잎은 연두색이야. 너는 초록색이네. 그럼 우리 두 색을 섞어서 칠할까?"

아이들은 직관적으로 공간과 색감을 조율하며 조화를 찾아낸다. 완성한 다음에는 각자 맡은 부분을 연결하며 자신의 생각을 나눈다.

"여기 무궁화는 내가 했어. 우리나라 꽃이라서 진짜 꼼꼼하게 색칠했어."

"나는 탈춤을 맡았는데, 지난번에 탈춤 출 때 정말 재미있었잖아. 또 하고 싶지 않아?"

협동 작업을 통해 아이들은 '내 생각만 고집하기'보다 '함께 만들어 가기'의 즐거움을 체험한다. 때로는 자신의 계획을 양보하고, 때로는 친구의 표현을 도와주며 소통의 본질이 '주고받음'에 있음을 몸으로 배워 간다.

"우리 그림 정말 멋있지? 혼자였으면 이렇게 큰 그림을 다 칠하지 못했을 거야."

"응. 그리고 나중에 서로 퍼즐처럼 맞추니까 더 재밌었어."

이러한 협동적 표현 경험은 아이들에게 결과물 이상의 의미를

다양한 생각과 표현이 모여 작품이 더 풍성해지는 모습

남긴다. 자신을 표현하면서도 타인의 공간과 의견을 존중하는 태도, 서로를 격려하고 인정하는 문화가 자연스럽게 자리 잡는다. 아이들은 말과 글이 아니어도 색과 형태, 몸짓과 표정만으로도 얼마든지 소통할 수 있음을 확인한다. 이 비언어적 소통의 힘은 '말'과 '글'로 전하는 배움으로 이어질 준비가 된다.

교사 성찰

'말이 느는 수업'보다 '표현 방식이 늘어나는 수업'을 지향했다. 탈춤·오방색·협동화에서 조용하던 아이가 몸짓과 색으로 먼저 말을 걸고, 이후 말과 글이 뒤따라오는 장면을 보았다. 정답의 정확함보다 생각의 전달과 청중의 반응을 관찰하니 "얼마나 잘 말했나?"에서 "어떤 방식으로 누구에게 도달했나?"로 평가의 관점도 달라졌다. 교실은 '말을 잘하는 소수의 무대'가 아니라 '모두가 입장할 수 있는 광장'이 되었다.

우리는 종종 '잘 표현한다.'는 것을 '유창하게 말한다.'는 의미로

축소시킨다. 하지만 이번 여정을 통해 표현의 스펙트럼이 얼마나 다양한지, 모든 아이가 자신만의 방식으로 세상에 목소리를 낼 수 있다는 사실을 확인했다. 정해진 답을 찾는 활동보다 자신의 생각을 전달하고 다른 사람의 관점을 듣는 활동에서 아이들은 더 활발하게 참여했다.

교사로서 나 역시 표현의 다양성을 존중하고 격려하는 모델이 되고자 노력했다. 아이들의 서로 다른 표현 방식을 가치 있게 여기고, 다양한 표현 기회를 제공하기 위해 수업 방식과 자료를 다각화했다. 그리고 무엇보다 "잘했어."라는 단순한 칭찬보다 아이들이 표현한 내용과 방식에 대해 구체적인 피드백을 주려고 노력했다. 이런 구체적인 대화를 통해 아이들은 자신의 표현이 진지하게 받아들여지고 있음을 느끼고, 더욱 자신감 있게 자신을 드러낼 수 있었다.

앞으로도 교실이 다양한 목소리가 공존하고, 서로의 표현을 존중하며, 함께 배우는 공간이 되길 바란다. 그리고 이 경험들이 아이들에게 평생의 소통 능력으로 자라날 수 있도록 더 다양하고 의미 있는 표현의 기회를 만들어 가고자 한다.

관찰하고
이야기로 전달하기

문화 탐정 수첩 : 관찰을 기록하고 표현하기

6월 초, '미스터리 문화 사진'으로 탐구의 여정을 떠났다. 아이들은 '문화 탐정'이 되어 족두리, 복주머니, 금관, 보석함, 거문고 같은 낯선 물건들을 관찰하며 호기심 어린 눈빛으로 탐구를 시작했다.

"이건 왕관 같아요."

"아니야, 옛날 신부가 쓰는 거야. TV에서 봤어."

서로 다른 생각이 오갔다. 중요한 것은 '정답'이 아니다. 왜 그렇게 보였는지를 자신의 말로 설명하고 친구의 의견을 듣는 과정이다.

탐정 활동의 규칙은 단순하다.

첫째, 낱말이 아닌 문장으로 말하기

둘째, 근거를 덧붙이기

셋째, 친구의 생각에서 반짝이는 점 찾기

아이들은 '맞다/틀리다'를 넘어 '어떻게 보았다/왜 그렇게 생각했다'를 주고받으며 관찰의 눈과 언어를 함께 키웠다.

◆ Provocation 도입 ◆
미스터리 문화 속에 숨겨진 이야기를 찾아 떠나는 시간

탐정 수첩을 든 아이들의 눈빛에는 질문과 호기심이 가득하다.

◆ Provocation 탐색하기 ◆
"열려라 참깨!" 소리와 함께 열린 문화 보물 상자 물건들

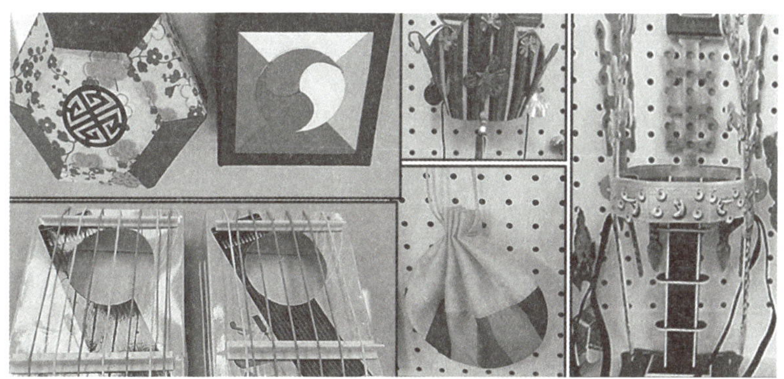

물건들을 직접 보고 만지며 아이들은 진지한 눈빛으로 정답이 없는 능동적인 탐구를 시작한다.

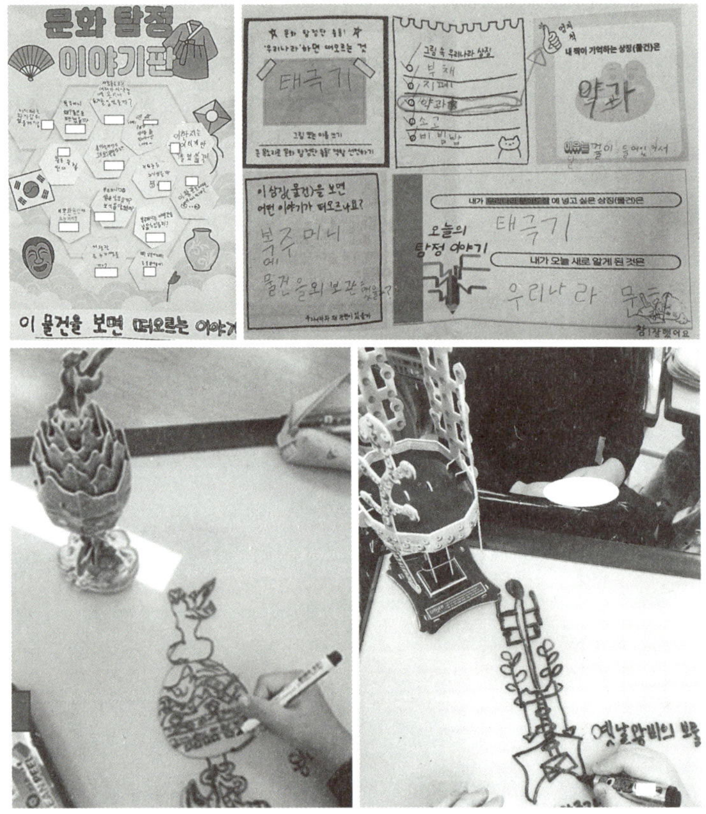

같은 보물을 보아도 생각과 표현의 언어가 저마다 다르다. 친구의 기록을 나누며 다양성을 존중하는 법을 배우고, 우리 문화에 대한 이해를 깊이 있게 확장해 나간다.

자신의 생각을 그림과 글로 표현하는 동안 아이들은 자신만의 방식으로 기록하는 법을 배운다. 아직 글자가 서툰 사랑이는 정교한 그림으로, 그림에 자신 없는 하랑이는 몇 마디 글로 정리했다.

"사랑아, 네가 그린 그림 정말 자세하다. 여기 안 보이는 부분도 잘 그렸네."

"하랑아, '옛날 왕비의 보물'이라는 표현 멋지다."

친구의 다른 표현 방식을 인정하고 배우는 동안 교실에는 다양성을 존중하는 분위기가 자연스럽게 자리 잡는다. 같은 대상을 보더라도 각자 다르게 표현할 수 있다는 것, 그리고 그 모든 방식이 가치 있다는 것을 배우는 것이다.

이 '탐정 활동'은 단순한 관찰 놀이를 넘어 아이들이 자신의 시각으로 세상을 바라보고 그것을 자신만의 언어로 기록하는 힘을 기르는 소중한 훈련이다. 누군가의 정답을 암기하는 것이 아니라 자신의 눈으로 보고 자신의 언어로 표현하는 주체적인 학습자로 성장하는 과정이다.

질문으로 시작되는 대화 : 궁금증을 나누며 성장하기

문화 탐구 과정에서 가장 소중한 것은 아이들의 질문이었다. 호기심 가득한 눈으로 "태극기의 색깔은 왜 그렇게 정해졌어요?", "무궁화는 왜 우리나라 꽃이 되었어요?", "한복은 왜 겹겹이 입는 옷이 많아요?" 같은 질문이 끝없이 나온다. 중요한 것은 '정답'이 아니라 질문을 통해 자신의 궁금증을 표현하는 용기다. 질문이 생기는 순간 배움은 교사에게서 아이로, 전달에서 탐구로 방향을 바꾼다.

관찰하고(See), 생각하고(Think), 궁금한 점을 떠올리는(Wonder) 사고과정을 통해 아이들은 자신의 생각을 체계적으로 정리하고 표현하는 법을 배운다. 예를 들면 이렇게 정리한다.

- See : "호랑이 그림에 굵은 줄무늬가 보여."

  Think : "무늬가 눈에 잘 띄어서 '강한 동물'처럼 느껴져."

  Wonder : "호랑이는 왜 한국을 상징하는 동물이 되었을까?"

- See : "지도에 바다와 울릉도, 독도가 보여."

  Think : "독도는 우리 땅이라는 노래가 있잖아. 독도를 우리나라 지도
  에 꼭 표시해야 할 것 같아."

  Wonder : "우리나라 지도를 살펴보니 궁금한 게 더 많아졌어."

이렇게 관찰한 것과 생각, 궁금증을 구분하여 표현하는 훈련을
거치자 아이들의 사고는 더욱 선명해지고, 자신의 생각을 논리적으

호랑이로 표현한 우리나라 지도를 보며 사고를 확장하는 활동

로 표현하는 능력이 향상되었다. 누군가 자신의 생각을 공유하면, "나도 그게 궁금했어."라는 공감과 "나는 다르게 생각했는데…."라는 또 다른 관점이 자연스럽게 이어진다. 교실에는 '다른 생각'을 인정하고 존중하는 대화가 자리 잡고, 질문은 일방적 설명을 '함께 만들어 가는 배움'으로 전환시킨다. 아이들은 자신의 질문이 소중하게 다루어지는 경험을 통해 더 자신 있게 호기심을 표현하고, 더 깊이 사고하는 법을 배워 간다.

우리의 상징을 설명해요 : 듣는 사람을 고려한 소통

"우리나라를 외국인 친구에게 소개한다면 어떻게 설명할 수 있을까?"

이 질문으로 시작된 활동은 아이들에게 '말하는 사람'에서 '듣는 사람'으로 시선을 옮기는 소중한 기회가 되었다. 먼저 우리나라를 대표하는 상징을 떠올리며 의견을 모았다.

"태극기요."

"한글이요."

"무궁화요."

"경복궁이요."

"거북선이요."

"한복이요."

아이들에게 「어서와~ 한국은 처음이지?」라는 문화 소개 프로그

우리 반 친구의 가족에게 한국 문화를 소개하는 활동

램을 안내하며, 우리 반 친구의 가족에게 우리 문화를 소개해 보자고 했다. 아이들은 단순히 문화 요소를 암기하는 것이 아니라 '어떻게 하면 다른 사람에게 이것을 잘 전달할 수 있을까?'라는 소통의 질문을 마주하게 되었다.

모둠별로 어떤 문화 상징을 선택할지, 어떻게 소개할지 토론하는 과정에서 아이들은 자연스럽게 자신의 의견을 말하고, 친구의 의견을 듣고, 때로는 설득하며 소통의 기술을 익혔다.

"난 한글이 좋아. 세종대왕님이 만드셨잖아."

"그런데 태극기도 중요하지 않아? 우리나라에만 있잖아."

"둘 다 할까? 누가 뭘 할지 정해 보자."

아이들의 '관광지 스탬프' 경험을 살려 판화 기법으로 선택한 상징을 제작하기로 했다. 스크래치 도구로 원형 도장을 새기며 태극문양, 한옥, 한글, 무궁화, 종, 탈 등이 아이들의 작은 손끝에서 선명해졌다.

"단청무늬 도장을 만들었어요. 동그란 부분이 어려웠는데 그래도 완성했어요."

"저는 거북선이에요. 촘촘한 부분이 힘들었는데, 친구가 도와줬어요."

완성된 도장들은 '우리 교실 문화 도장 전시관'에 전시되었고, 아이들이 얼마든지 찍어 보고 가져갈 수 있도록 했다. 놀라운 것은 이 도장들이 단순한 학습 결과물을 넘어 실제 소통의 도구로 활용되었다는 점이다.

관광지 스탬프 경험을 살려 판화 기법으로 제작한 문화 도장

“선생님, 이 도장으로 편지지에 찍어도 돼요?”

“엄마한테 무궁화 도장을 찍어 보여 드렸더니 예쁘다고 하셨어요.”

아이들은 자신이 직접 만든 도장을 실제 생활에서 의미 있게 사용하며, 문화 상징의 의미를 자연스럽게 전달하는 ‘문화 전달자’가 되었다.

특히 글쓰기가 어려웠던 연정이는 정교한 거북선 도장을 만들어 친구들에게 크게 인정받으며 자신감을 얻었다. 도장이라는 매체가 생각과 감정을 표현하는 새로운 언어가 되어 준 것이다.

이 활동을 통해 아이들은 ‘듣는 사람을 고려한 소통’의 중요성을 배웠다. 단순히 자신이 알고 있는 정보를 나열하는 것이 아니라 듣는 사람의 관심에서 어떻게 하면 더 효과적으로 전달할 수 있을지를 고민하는 과정이 중요했다. 아이들은 상징을 선택하고, 간단한 소개 문장을 만들고, 도장으로 시각적 단서를 더하는 과정을 통해 메시지를 ‘듣는 사람의 자리’에서 다듬는 법을 배웠다.

전시가 계속되는 동안 아이들의 관찰과 질문도 자랐다.

“남산타워랑 롯데타워랑 나란히 있으니 멋있다. 더 높은 타워가 생길까?”

“무궁화 도장은 꽃잎이 5개구나.”

“우리나라 지도 모양 도장은 뒤집혀 찍히네. 다음에는 반대로 파야겠다.”

“다른 나라에도 이런 문화 도장이 있어요?”

결국 이 수업은 아이들에게 한 가지를 확실히 남겼다. 소통은 나의 이야기로 시작하지만, ‘상대에게 닿을 때’ 비로소 완성된다는 것이다. 아이들은 자신이 만든 작은 도장 하나로도 누군가의 이해와 공감을 이끌어 낼 수 있음을 경험했고, 그 경험이 다음 이야기의 용기를 키워 주었다.

See-Think-Wonder 사고전략을 꾸준히 적용하자 아이들은 '본 것 / 생각 / 궁금증'을 구분해 말하기 시작했다. 문화 도장, 미래/가족 화폐 활동에서 가장 인상적이었던 장면은 작품 설명이 단순한 정보 나열에서 '듣는 사람을 고려한 메시지'로 바뀌는 순간이었다. "엄마에게 보여 줄 거라서 엄마가 좋아하는 노래 제목을 가장 크게 넣었어요."처럼 대상, 형식, 순서를 스스로 결정할 때 아이는 표현의 주인이 된다. 그래서 활동 결과물은 '끝'이 아니라 친구, 가족, 지역사회와 이어지는 '대화를 여는 초대장'이 된다.

• 듣는 사람을 정해 보기

"할머니에게 30초로 설명한다면?" 대상이 분명할수록 말이 간결해진다.

• 실수의 언어 바꾸기

"틀렸어." 대신 "다른 방법을 찾았네. 또 시도해 볼까?"로 리허설 문화를 만든다.

• 60초 가족 Show & Tell

주제는 '오늘의 발견'으로 짧게 말하고 가족 질문 1개를 받는다.

- 가족 큐레이션

냉장고나 벽에 ‘작은 전시 코너’를 만들고, 주말마다 작품 2개를 교체, 소개한다.

실제 소통으로 확장하기

나의 가치를 디자인하다 : 미래/가족 화폐 프로젝트

우리나라 화폐를 살피는 일은 '가치'를 읽는 일에서 시작되었다. 지폐와 동전에 담긴 인물, 건축물, 자연물을 탐구하며, 화폐는 사회

우리나라 화폐 속 인물과 상징물 탐구하기

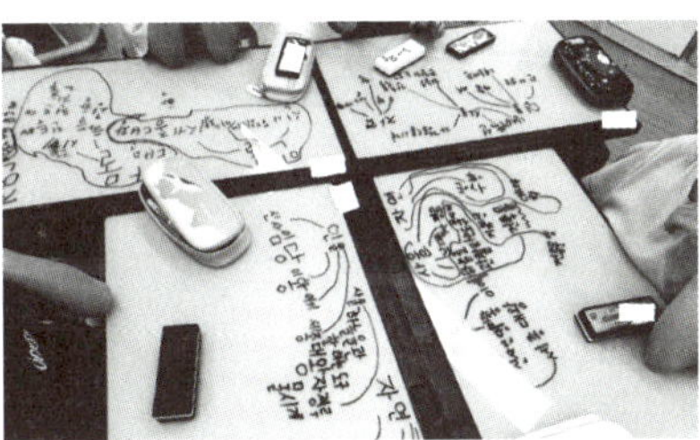

화폐 속에 깃든 사회적 가치와 역사를 발견하는 모습

가 소중히 여기는 정신과 역사를 상징한다는 사실을 아이들이 스스로 발견했다.

"세종대왕은 한글을 만드셨어요. 그래서 우리가 글을 읽고 쓸 수 있어요."

"이순신 장군은 거북선으로 남해 바다를 지키셨어요."

"신사임당은 그림을 잘 그리셨어요. 엄마와 아들이 화폐에 모두 있어요."

아이들은 인물이 '유명해서'가 아니라 '남긴 가치'로 화폐에 자리한다는 것을 이해했다.

탐구는 곧 창작으로 이어졌다. "나는 무엇을 중요하게 생각할까?", "우리 가족에게 소중한 가치는 무엇일까?"를 질문 삼아 자신만의 화폐를 디자인했다. 상징(그림, 아이콘), 색, 짧은 문구를 정해 배치하며, 각자가 믿는 가치를 시각 언어로 표현하는 경험을 했다.

"저는 미래 화폐에 기차를 그렸어요. 미래에는 전 세계가 하나로 연결될 것 같아요. 아빠의 나라까지 기차를 타고 갈 수 있을 거예요."

'연결'과 '통합'의 바람이 한 장의 화폐에 담겼다.

"우리 가족 화폐에는 제가 그려져 있어요. 가족이 가장 사랑해 주는 사람이 바로 저예요. 그래서 제가 좋아하는 것들도 모두 넣었어요."

'사랑'과 '존중'의 감정이 자연스레 드러났다. 아이들마다 화폐에 담는 내용은 다르지만, 그 과정에서 자신이 소중히 여기는 가치를 시각화하고 그것을 친구들과 나누며 소통하는 법을 배웠다.

모둠 친구들과 머리를 맞대고 공동으로 디자인한 미래 화폐

우리 가족만의 소중한 상징들을 배치하며 고유한 가치를 담은 가족 화폐 만들기 활동

"친구가 만든 화폐를 보니 정말 재밌어요. 다른 친구들은 어떤 생각으로 만들었는지 궁금해요."

"찬이의 화폐 이야기를 들으니 기차를 타고 찬이 아빠의 나라로 같이 여행하는 상상이 됐어요."

표현은 소통을 낳고, 소통은 공감을 확장했다.

이 활동은 미술 활동을 넘어 추상적인 '가치'라는 개념을 구체적으로 표현하고, 그 의미를 다른 사람에게 전하는 전 과정을 경험하게 했다. 다양한 가치관과 세계관이 공존할 수 있음을 자연스럽게 배울 수 있었고, 이것이 바로 표현과 소통이 만나는 지점이다.

6월 말, 아이들은 지금까지의 배움을 '문화지킴이 소식지'와 '문화지킴이 4컷 만화'로 정리하며 더 넓은 세계와 소통하고자 했다.

"친구들과 함께 보고 싶은 우리나라 문화 책은 무엇일까?"

이 질문으로 시작된 활동에서 아이들은 보물찾기를 하듯 학교 도서관을 탐색해 우리나라 문화 관련 도서를 큐레이션하고, 게시판에 「우리가 뽑은 문화 그림책 - 친구들과 함께 보고 싶은 책 소개」를 꾸몄다. 아이들은 책을 돌려 읽으며 자신의 감상을 글로 남겼다.

"이 책은 우리나라 명절 이야기인데, 명절마다 무엇을 하는지 알 수 있어."

"한복 책을 읽고 나니 우리 옷이 정말 아름답다고 생각했어."

우리나라 문화 관련 도서를 직접 선정하고 큐레이션하는 아이들

“기와가 엄청 잘 그려져 있는 전통집 책이네.”

각자의 베스트셀러를 꼽아 투표하는 과정에서 아이들은 ‘독자’에서 ‘비평가’로, 더 나아가 ‘문화 큐레이터’로 성장했다. 책을 고르고, 읽고, 추천하는 과정을 통해 자신의 생각을 전달하고 다른 사람의 의견을 존중하며 함께 결정하는 소통의 기쁨을 경험했다.

이어 “우리 문화가 사라진다면 어떻게 될까?”라는 상상은 「사라진 문화 이야기」라는 제목의 4컷 만화로 확장됐다. 문화재가 사라진 도시, 한글이 사라진 대화, 태극기가 없는 학교 등 간단한 그림과 대사 속에 문화의 소중함과 그것을 지켜야 한다는 의지가 생생하게 담겼다

“한글이 사라지면 몸짓으로 말해야 할 것 같아요.”

“태극기가 없다면 다른 나라에 우리나라를 무엇으로 나타내죠?”

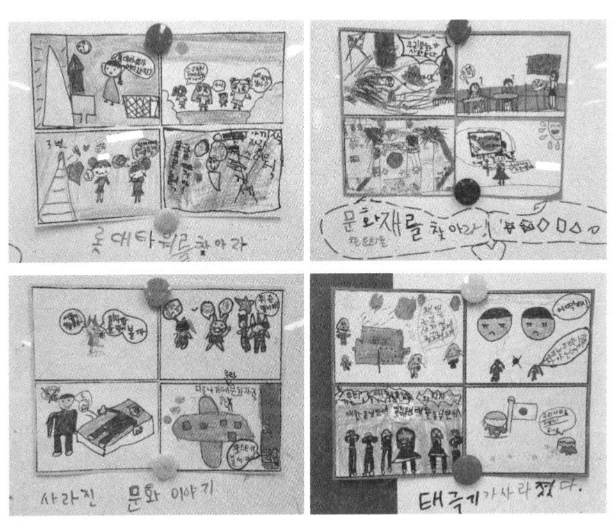

‘우리 문화가 사라진다면?’ 상상에서 시작된 4컷 만화 「사라진 문화 이야기」

간단한 그림과 대화를 통해 이야기를 만든 경험으로 아이들은 학습자를 넘어 '문화 지킴이', '문화 전달자'로서 자신의 역할을 자각했다.

표현과 소통의 여정을 마무리하며 '우리 반 문화 숲' 전시회가 열렸다. 아이들은 각자 '큐레이터'가 되어 활동 작품을 소개하고 퀴즈도 만들었다.

"이건 우리 모둠이 만든 문화 도장이에요. 한복은 우리나라의 자랑이라고 생각해요."

"이건 제가 만든 무궁화예요. 무궁화처럼 매일 새롭게 피어나는 멋진 사람이 되고 싶어요."

부모의 피드백은 배움이 생활과 만났음을 보여 주었다.

"우리 아이 눈에 전통 문양이 잘 보이나 봐요. 색깔에서 오방색을 발견해요. 세상을 바라보는 눈이 달라진 것 같아요."

"우리 아이는 문화에 관심이 별로 없었는데, 지역 곳곳에 있는 박물관에 가고 싶어 하고 관련 책을 스스로 찾아요."

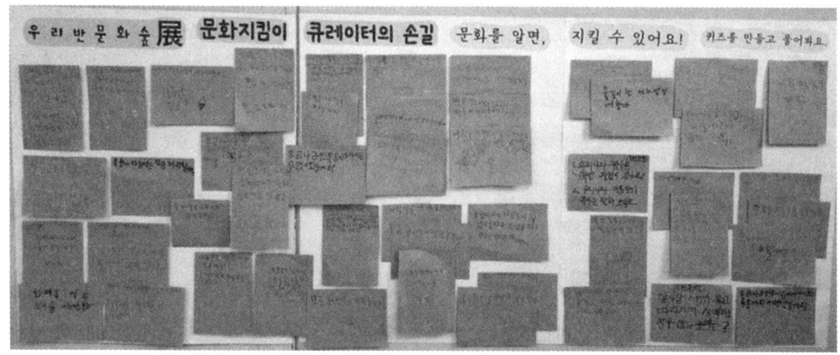

표현과 소통의 탐구 여정을 갈무리하며 열린 '우리 반 문화 숲' 전시회 현장

아이들은 우리 문화라는 풍부한 소재를 통해 자신을 표현하고 소통하는 다양한 언어를 발견했다. 말과 글뿐 아니라 색과 형태, 움직임과 소리, 작품과 놀이까지 '다양한 언어'로 자신을 표현하는 법을 체화했다.

"예전에는 제 마음을 어떻게 말해야 할지 몰랐는데, 이제 얼마든지 표현할 수 있어요."

작은 손이 만든 도장 하나, 화폐 한 장, 만화 네 컷이 모여 큰 이야기가 되었다. 그 이야기 속에는 아이들의 생각과 감정, 꿈과 희망이 담겨 있다. 이것이야말로 우리가 이루고자 했던 가장 소중한 수확이다.

"표현은 마음의 창이고, 소통은 그 창을 통해 서로를 만나는 여정이다."

아이들의 평생 소통 역량은 일상의 작은 관심과 격려, 다양한 표현 기회 위에서 단단히 자란다.

Chapter 8

놀이에서 얻는 깊은 배움

– 상상이 현실이 되다

호기심이 여는 배움의 문

7월의 교실은 상상의 놀이터가 된다. 적응기를 지나 자신을 표현하는 법을 배운 아이들은 이제 더 넓은 세계로 모험을 떠날 준비가 되었다. 창의성이 꽃피는 계절, 우리는 '상상, 도전, 그리고 나의 이야기'라는 탐구 여정을 시작했다.

"오늘부터 우리는 상상 탐험가예요. 상상력이란 무엇일까요?"

"이 세상에 없는 것을 생각하는 거요."

"머릿속에 그림 그리는 거요."

"진짜가 아닌데 진짜처럼 느끼는 거요."

대답은 달라도 그 속에는 공통된 진실이 있다. 상상은 현실의 경계를 넘어 새로운 세계를 만드는 힘이며, 그 힘은 이미 아이들 안에 존재한다. 이제 우리는 그 힘을 질문하고, 몸으로 체험하고, 서로에게 전하며 키워 갈 것이다.

상상 여행의 시작은 우주로부터

그림책『우주 다녀오겠습니다』를 함께 읽고, 대한민국 누리호 발사 영상을 시청했다.

"우와, 소리도 엄청 크고 대단해요. 로켓이 불꽃을 내뿜으며 날아올라요."

"우주 비행사는 어떻게 먹고 자요?"

"우리가 우주에 가면 어떤 느낌일까요?"

실제 장면의 현장감이 아이들의 호기심에 불을 지폈다. 이어 같은 그림을 다양한 관점에서 살피는 '관찰 퀴즈'로 시선을 넓혔다. 보는 각도가 달라지면 해석도 달라진다는 사실을 몸으로 깨닫는 시간이었다.

그림책『나의 만만한 일일탐험』,『괴물들이 사는 나라』,『달샤베트』를 함께 읽으며 상상의 문을 열고, 익숙한 하루에 숨은 탐험을 발견했다. 아이들은 각자 "탐험은 ○○이다."라는 한 문장으로 자신의 탐험을 선언했다.

"탐험은 모험이다."

"탐험은 발견이다."

"탐험은 도전이다."

'탐험은 ○○이다.' 스스로 정의하고 선언하며 배움의 주인이 되는 시간

"탐험은 설렘이다."

이렇게 열린 우리의 상상 여행은 교실을 넘어 더 넓은 세계로 펼쳐진다.

교사 성찰

우주 발사 영상을 본 직후 아이들은 '와!'에서 멈추기 쉽다. 그 감탄의 순간을 '질문'으로 자연스럽게 전환해 주는 장치가 관찰 퀴즈와 "탐험은 ○○이다." 선언이다. 관찰 퀴즈는 아이들이 영상을 보며 어떤 부분을 유심히 살펴보았는지, 무엇에 주목했는지를 스스로 표현하도록 이끄는 활동이다. 이를 통해 아이들은 자신이 본 장면을 다시 생각하고, 그 안에서 발견한 흥미로운 요소를 언어로 구체화하게 된다.

또한 탐험 선언은 아이들에게 탐험의 의미를 정의해 보도록 유도하는 과정으로 정답이 있는 일반적인 질문과 달리 관점이나 생각을 나누며 그 이유를 탐색하는 대화로 발전한다. 그러면 아이들은 자신이 느끼는 '탐험'의 의미를 점차 자기만의 언어로 정리하고 내면화하는 경험을 하게 된다.

이때 평가의 초점 역시 바뀌게 된다. "얼마나 많이 알고 있는가?"라는 양적 측면에서 "무엇을 보고, 어떻게 해석하고, 무엇을 더 알고 싶어 했나?"의 질적 측면이 강조된다.

학부모 팁

• 3문장 루틴

영상이나 전시를 본 뒤 '봤다(See)-느꼈다(Think)-궁금하다(Wonder)'를 한 줄씩 말해 본다.

• 밤하늘 대화

손전등을 '별빛 랜턴'이라 이름 붙이고 "만약 우리가 우주에 산다면?" 같은 질문으로 상상력을 연다.

• 가족 선언문

"우리 가족에게 □□은 ○○이다."를 함께 정해 냉장고에 붙여 두면 일상 대화가 탐구로 이어진다.

내가 주인공이 되는 경험

"이 사진들 속으로 들어갈 수 있다면 어떨까?"

다양한 배경 사진(사막, 열대 우림, 북극, 게임 세계, 공룡 시대, 구름 위 세상, 바다 속 세상 등)을 탐색하며, 아이들은 자신이 그곳에 간다면 어떤 일이 벌어질지 상상한다.

"사막에서는 모래 폭풍을 만날 것 같아요."

"열대 우림에서는 아직 발견되지 않은 커다란 곤충을 찾고 싶어요."

"공룡 시대에 가면 티라노사우루스를 직접 볼 수 있을까요?"

아이들은 저마다 자신이 가 보고 싶은 곳을 골라 선택했고, 그 장소에 실제로 있는 것처럼 몸의 움직임과 표정까지 신경 쓰며 다양한 포즈를 취했다. 때로는 커다란 동물이 눈앞에 있는 듯 깜짝 놀란 표정, 때로는 뭔가를 숨죽여 관찰하는 모습, 또는 신나게 달리며 모험하는 포즈 등 각자 상상한 이야기를 온몸으로 표현했다. 이렇게 찍힌 사진들은 배경과 자연스럽게 어우러져 마치 아이들이 진짜로 그 신기한 장소에 있는 듯한 느낌을 주었다.

아이들은 그 순간을 더욱 생생하게 표현하고 싶어 했고, 말풍선을 붙여 자신만의 상상 이야기를 간단한 문장으로 덧붙였다. 친구들은 서로의 사진과 이야기를 읽고 공감했다.

"우와, 빛미끄럼틀 정말 빠를 것 같아. 나도 타 보고 싶어."

자신만의 생생한 탐험 이야기를 완성하며 상상 속 세계의 주인공이 된 아이들

아이들의 놀이터가 된 '상상의 중심 공간'

“보미가 공룡을 피해 살금살금 걸어가고 있는 장면이 실감 나.”

“달팽이 준호가 너무 느려서 정말 답답할 것 같아.”

이 활동을 통해 아이들은 상상 속 탐험도 충분히 흥미롭고 즐거운 경험이 될 수 있음을 스스로 발견했다. 완성된 상상 이야기는 교실에 전시되어 ‘상상의 중심 공간’ 역할을 했고, 아이들은 쉬는 시간마다 자발적으로 모여 서로의 상상 이야기를 보며 친구들과 아이디어를 나누고 상상의 세계에서 함께 놀았다. 이렇게 교실은 아이들의 눈부신 창의력과 호기심이 자유롭게 오가는 즐거운 상상의 놀이터가 되어 있었다.

교사 성찰

사진과 몸짓, 표정, 말풍선 속 언어를 통해 아이들은 자신이 상상한 장면을 몸과 언어, 감정으로 통합해 표현하는 경험을 한다. 놀이처럼 즐겁게 몰입하는 이 순간, 아이들은 스스로 만들어 낸 세계 안에서 ‘나’의 존재를 자각하게 된다.

교사에게 중요한 역할은 아이들의 상상력을 평가하지 않는 태도이다. “그건 현실적이지 않아.”라는 말 대신 “그다음에는 어떤 일이 일어날까?”처럼 이야기가 자연스럽게 이어지도록 돕는 열린 질문이 필요하다. 이런 피드백은 아이들에게 상상이 존중받는 경험을 선사하고, 자신만의 세계를 끝까지 밀고 나갈 용기를 키워 준다.

또한 활동 결과물은 아이들의 눈높이에서 쉽게 다가갈 수 있도록 전시되어야 한다. 아이들은 친구들의 상상 이야기를 보며 서로의 생각과 표현 방식을 이해하고, 공감하며 의견을 나눈다. 상상 속 탐험은 개인의 창의성뿐 아니라 사회적 상호작용 능력을 함께 성장시키는 과정이 된다. 결국 이 수업의 가치는 '상상하는 힘'이 '함께 나누는 힘'으로 확장된다는 데 있다.

학부모 팁

• 사진으로 이어지는 상상 여행 놀이

가족 여행 사진을 한 장 고르고 "이 사진 속에서 어떤 일이 벌어지고 있을까?", "그 장면에서 기분이 어땠어?"라고 물어 본다. 실제 기억이 상상의 이야기로 확장되며 언어 표현력이 자란다.

엉뚱한 대답이라도 "그럴 수도 있겠다. 그다음은 어떻게 될까?"로 이어 주면 아이는 상상을 멈추지 않는다. 부모가 아이의 상상과 표현을 진지하게 듣고, 그 순간을 함께 즐기면 집은 아이의 창의력과 공감 능력이 자연스럽게 자라나는 가장 따뜻한 배움터가 된다.

상상의 파편을 찾아서, 오감으로 느끼는 세계

"어떤 세계로 떠나고 싶나요?"라는 질문과 보물찾기로 오늘의 탐구가 시작되었다. 아이들은 눈빛을 반짝이며 교실 곳곳을 둘러보며 탐구의 단서를 찾았다. 교실에는 아이들과 AI로 함께 만든 8가지 상상 세계 조각이 숨겨져 있었다. 얼음 위 고래 마을, 모래폭풍 아래 바다, 구름 위 하늘 정원, 우주 끝 다락방, 동굴 속 빛나는 버섯 마을, 숲속 도서관, 거꾸로 장난감 세상 등 이름만으로도 호기심을 자극하는 세계들이다. 아이들은 탐험가가 된 듯 신이 나 조각을 찾아 나섰다. 조각이 모일수록 상상의 세계가 교실 안에 서서히 완성되어 갔다. 이야기를 나누던 중 한 아이가 말했다.

“이 세계에 진짜 들어가 보고 싶어요.”

그 한마디는 교실을 새로운 방향으로 움직였다. 아이들의 상상을 더 깊은 '체험'으로 확장하기 위해 가장 많은 선택을 받은 4개 세계를 실제로 꾸며 특별한 '탐험 공간'으로 만들었다.

첫 번째는 '얼음 위 고래 마을'이다. 아이들은 양손에 얼음을 쥐고 고래 마을 퍼즐을 맞추며 말한다.

“고래의 숨결은 어떤 느낌일까?, 진짜 고래 마을은 더 춥겠죠?”

차가운 감각이 피부를 타고 퍼질 때 아이들은 정말 북극의 바다

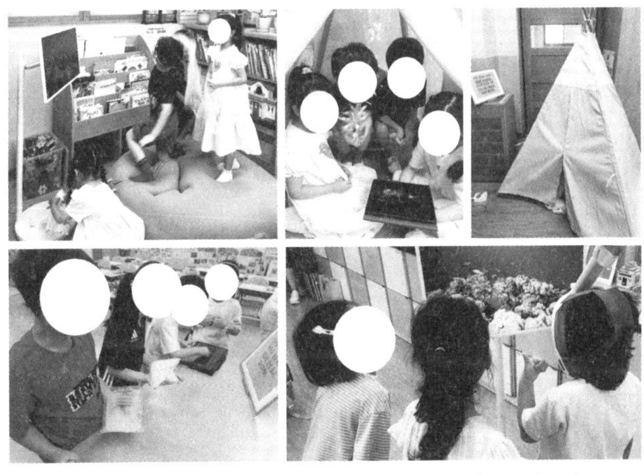

눈으로 보고, 손으로 만지고, 소리를 들으며 상상을 현실로 만든 교실 공간

위에 있는 듯한 표정을 지었다.

두 번째는 '구름 위 하늘 정원'이다. 선풍기 바람이 부는 가운데 아이들은 솜과 천을 흩날리고, 폭신한 빈백 위를 걸어 보거나 누워 본다.

"선생님, 구름은 이것보다 더 폭신하겠죠?"

바람의 결이 몸을 스칠 때 아이들은 공기의 무게를 오감으로 느꼈다. '우주 끝 다락방'에서는 어두운 텐트 속 조명이 별빛처럼 반짝인다. 조용히 흐르는 우주 영상 속에서 숨을 죽이며 별과 마주한다.

"내가 행성이 된 기분이에요."

그렇게 그들의 상상은 완벽히 현실이 되었다.

마지막으로 '모래폭풍 아래 바다'에서는 스노클링 마스크를 쓰고 깊은 바닷속으로 내려가는 기분을 체험한다. 모래폭풍 때문에 위로 올라올 수 없다는 설정 속에서 아이들은 잠시 숨을 참아 본다.

"바다는 조용한데, 제 숨소리만 들려요."

아이들은 그 세계를 단순히 상상하는 것이 아니라 진짜로 살아보고 있었다.

오감 체험을 마치고 아이들은 자신이 경험한 세계를 '3(본 것) - 2(느낀 점) - 1(상상의 이야기) Bridge 사고 전략'으로 표현했다.

3 : "우주 끝 다락방에서 본 것은 별, 어둠, 행성이에요."

2 : "신비롭고 떠다니는 느낌이 들어요."

1 : "우주를 가로질러 다른 행성으로 여행을 떠나는 이야기를 썼어요."

아이들의 글은 기록을 넘어 각자만의 세계를 품은 이야기였다. 친구의 이야기를 들으며 "그 세계에서는 어떤 느낌일까?"를 떠올리는 표정에는 공감과 호기심이 섞여 있었다.

이 수업의 핵심은 상상을 머릿속의 생각으로만 두지 않고 몸으로 느껴 보게 하는 것이다. 감각으로 경험한 순간 상상의 세계는 현실처럼 다가오고 아이들의 언어는 깊어진다. 감각은 생각을 열고, 체험은 상상을 확장시킨다. 하굣길에 한 학부모가 말씀하셨다.

"아이가 집에 와서 '오늘은 고래 마을을 다녀왔어.'라고 하더라고요. 눈이 반짝이는 걸 보고 너무 궁금해서 '어떻게 다녀온 거야?'라고 되물었어요."

그 말을 들으며 깨달았다. 상상이란 결국 '보이지 않는 세계를 느끼는 능력'이구나. 그 감각이 바로 배움의 시작이구나. 아이들은 상상의 파편을 찾아 떠난 오늘의 여정을 통해 단순한 놀이가 아닌, 감각과 감정이 어우러진 탐험을 경험했다.

교육은 결국 아이들의 눈으로 세상을 새롭게 보게 하는 일이다. 그리고 그날 아이들과 함께한 교실 안에서 나 역시 오랜만에 '상상의 세계'를 진짜로 여행한 사람처럼 마음이 설레었다.

상상을 현실로 만들다

탐험가를 빛나게 하는 마음의 보석

상상의 세계를 오감으로 체험한 뒤, 이제 그 속의 주인공이 되어보기로 했다. 자신이 진정으로 탐험하고 싶은 세계를 하나씩 선택하고 그곳을 어떤 마음과 방식으로 여행할지 시각화했다.

"저는 구름 위 하늘 정원을 탐험할 거예요. 제 미니미는 날개가 있어서 구름 사이를 자유롭게 날 수 있어요."

"저는 얼음 위 고래 마을을 선택했어요. 제 미니미는 방한복을 입고, 고래들과 친구가 될 수 있는 마법의 약을 갖고 있어요."

아이들은 자신이 만든 '작은 나(미니 탐험가)'를 통해 상상 속 세계로 한 걸음 더 들어갔다. 이어 "탐험가에게 필요한 마음은 무엇일까?"라는 질문을 중심으로 그림책『잘했어, 아문센! 힘내, 스콧!』과『캡틴 쿠스토』를 함께 읽으며 위대한 탐험가들의 여정을 따라가 보았다.

"용기가 있어야 미지의 세계로 떠날 수 있어요."

"인내심이 중요해요. 탐험은 쉽지 않을 테니까요."

"호기심이 없으면 아무것도 발견할 수 없어요."

"친구들과 협력하는 마음도 필요해요."

아이들의 대답 속에는 탐험가의 자질과 태도가 녹아 있었다. 이후 아이들은 IB 학습자상이 제시하는 '도전하는 사람, 균형 잡힌 사람, 성찰하는 사람'의 관점에서 탐험가에게 꼭 필요한 마음의 보석을 정리해 '마음의 보석 유리병'을 만들었다.

"제 유리병에는 용기, 끈기, 호기심, 배려라는 보석이 있어요."

"저는 도전정신, 협동심, 창의력, 감사라는 보석을 넣었어요."

이 유리병은 앞으로의 탐험 여정에서 자신이 지켜야 할 원칙과 책임감을 일깨워 주는 나침반이 되었다. 아이들은 그 안에 담긴 작은 보석들을 보여 스스로에게 속삭인다.

"나는 이런 마음을 가진 탐험가야."

협력하는 탐험대 : 탐험선 제작과 문제해결 전략

우리의 탐구는 새로운 단계로 접어들었다. 상상을 구체화하고, 서로의 생각을 모으며 함께 문제를 해결하는 협력적 탐험의 시간이 열린 것이다. 이제 아이들은 탐험가이자 엔지니어가 되어 자신들이 꿈꾸던 세계로 향할 탐험선과 탐험기지를 설계한다. 각 팀은 자신이 선택한 상상의 세계를 분석하며 탐험선의 조건을 고민했다. 얼음 위를 미끄러지듯 다녀야 하는 배, 구름에 닿아도 가라앉지 않는 가벼운 비행선, 중력을 조절해야 하는 우주선, 모래폭풍을 뚫고 바다로 들어갈 수 있는 잠수함 등 아이들의 아이디어는 환경의 특성에 맞춰 구체적이고 논리적으로 발전했다.

단순히 '멋진 모양'만 상상하지 않고 실제 탐험 상황을 고려하며 설계해 가는 모습이 인상적이었다. 협업 과정에서 아이들은 각자의 강점을 자연스럽게 드러냈다. 디자인에 강한 아이는 구조를 도안하고, 기계에 흥미가 많은 아이는 기능을 구상했다. 발표를 잘하는 아이는 팀의 생각을 정리해 설명했다. 자발적인 역할 분담 속에서 협력은 책임감으로, 개별의 사고는 집단의 창의력으로 확장되었다. 탐험선 제작이 완성되자 아이들은 한 걸음 더 나아가 '탐험 중 일어날 수 있는 문제 상황'을 예측했다.

고래가 잠에서 깨지 않도록 조심해야 하는 상황, 비가 되어 사라질 수 있는 구름 정원, 산소가 부족할지도 모르는 우주, 모래폭풍이 휘몰아치는 바다…. 아이들은 각 세계의 위기를 상상하며 문제를 해결할 방법을 찾아 나섰다. 비상 산소통이나 모래폭풍 경보기, 구름을 잡는 닻, 소리 없는 신발처럼 아이들의 해결책은 상상과 논리가 절묘하게 어우러졌다.

아이들은 자신들이 고안한 상황과 해결책을 문장으로 표현했다.

"나는 고래가 깰까 봐 소리 없는 신발을 신어야겠어."

상상에 논리를 더한 '탐험 설계'. 친구들과 머리를 맞대어 고민한 흔적들

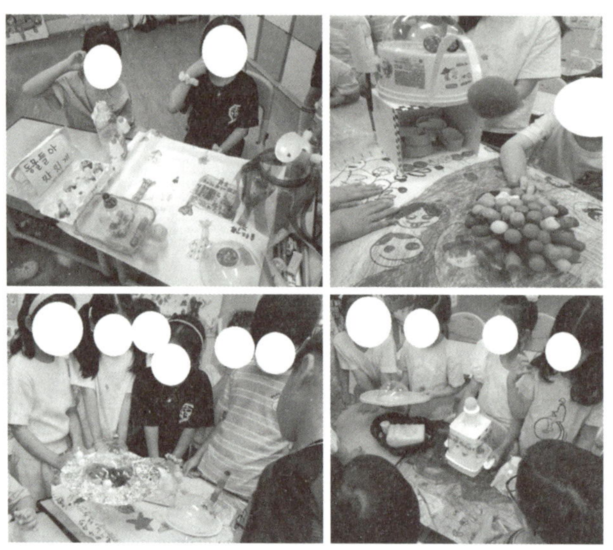

함께 고안한 탐험선을 제작하고 발표하며 '집단 지성'의 즐거움과 '협력의 힘'을 경험하는 모습

"구름 정원이 비로 변했을 때 뜰 수 있는 장치를 펼치자."

"비상시에 혼자 탈출할 수 있는 1인 구명정도 있으면 좋겠어."

탐험선 제작과 문제해결 과정을 통해 아이들은 협력의 의미를 새롭게 경험했다. 서로의 생각이 맞지 않아 다투기도 했지만, 그 안에서 조율하고 타협하며 '함께 만들어 가는 재미'를 배웠다.

교사 성찰

탐험선 제작 활동은 '함께 사고하고 협력하는 힘'을 기르는 시간이었다. 처음에는 각자의 아이디어를 내세우던 아이들이 점차 서로의 의견을 듣고 조율하며 역할을 나누는 과정을 통해 협력의 의미를 몸으로 배워 갔다. '내 생각이 옳다.'는 단일한 관점이 '함께 만드는 것이 더 멋지다.'는 공동의 관점으로 전환되는 모습을 확인할 수 있었다.

불가능하다고 여겼던 아이디어도 친구들의 질문과 토론을 거치며 점차 구체화되었고, 그 과정에서 아이들의 사고는 한층 깊어졌다. '문제를 해결한다.'는 것이 정답을 찾는 일이 아니라 함께 탐색하며 새로운 가능성을 발견하는 과정임을 아이들과 함께 깨닫는 시간이었다.

이 활동은 또한 교사에게 '방향을 제시하는 사람'이 아닌 '동행자'로서의 역할을 돌아보게 했다. 교사가 먼저 해답을 제시하기보다 아이들이 스스로 시행착오를 겪고 의견을 조율하도록 기다려 주는 인내가 필요했기 때문이다. 그렇게 형성된 교실은 민주적 의사결정과 공동 책임의 기초가 자라나는 진정한 협력을 배우는 장이 되었다.

4

놀이에서 배우는 것들

끝나지 않는 상상의 여행 : 표현과 소통의 축제

탐험선과 탐험복을 준비하고 상상의 세계를 그려 본 아이들은 이제 자신들의 탐험 이야기를 다른 사람과 나누고 싶어 했다. 상상과 협력의 과정에서 배운 것들을 표현하고 공유하는 단계, 즉 '도전과 표현이 세상을 탐험하는 방법'을 실천할 시간이다. 각 탐험팀은 자신들의 상상 속 탐험 마을의 특징과 이야기를 담은 초대장을 디자인했다.

"여러분을 신비로운 얼음 위 고래 마을로 초대합니다. 투명한 얼음 위에서 고래들의 노래를 들어 보세요. 따뜻한 옷을 준비해 오시

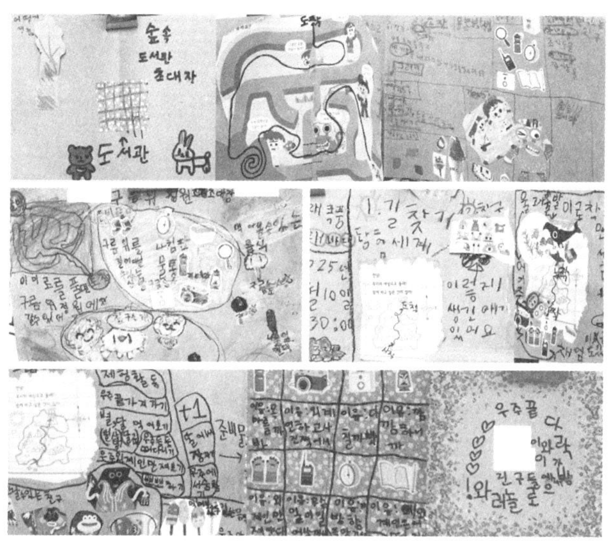

'우리의 상상 세계로 초대합니다!' 저마다의 특징을 담아 정성껏 만든 초대장

면 더 즐겁게 탐험하실 수 있습니다."

"구름 위 하늘 정원에 오신 것을 환영합니다. 부드러운 구름 위를 걷고, 무지개 꽃을 만나 보세요."

완성된 초대장은 복도에 게시되어 다른 친구들과 선생님들을 탐험 세계로 초대한다.

드디어 탐험 전시회 날, 아이들은 기다리던 여행을 떠나듯 설레는 마음으로 서로의 교실 문을 열었다.

"우리 반의 탐험 이야기를 다른 반 친구들에게도 보여 주고, 다른 반 친구들의 탐험 이야기도 구경해 볼 거예요. 우리는 서로의 어떤 점을 관찰하면 좋을까요?"

"우리 반 탐험과 비슷한 점과 다른 점 찾아보기요."

서로의 상상 세계로 초대받은 아이들

"제일 인상 깊은 점 한 가지 마음속에 담기요."

순환 방식으로 진행된 탐험 전시회에서 아이들은 친구들의 표현과 아이디어를 세심히 관찰했다.

"다른 반 탐험도 멋진 것 같아요."

"우리랑 비슷한 탐험 세계도 있고, 완전히 다른 세계도 있어요."

"탐험선 모양도 정말 독특해요."

아이들의 목소리에는 서로의 세계를 존중하고 감탄하는 마음이 담겨 있었다. 전시가 끝난 뒤, 우리는 함께 이야기를 나누었다. 아이들은 새로운 세계를 상상하며 '탐험이란 계속해서 다가가고 싶은 마음'임을 자연스럽게 느꼈다. 한곳에 머무르지 않고 새로운 가능성을 향해 나아가는 그 호기심, 그것이 바로 진짜 탐험가의 마음이었다.

우리는 탐험가에게 꼭 필요한 도구들도 직접 만들어 보았다. '특별한 쌍안경'을 통해 아이들은 자신만의 시선으로 상상의 세계를 관찰했다.

"이 만화경으로 보면 우주의 숨겨진 별들이 보여요."

"저는 얼음 속에 숨어 있는 생물을 찾을 거예요."

탐구와 과학의 만남. 탐험 도구 제작 및 체험 활동

아이들은 색과 빛이 만들어 내는 패턴 속에서 과학의 원리를 발견하고, 놀이를 통해 탐구의 즐거움을 배웠다.

탐험의 출발을 기념하며 만든 에어로켓은 또 다른 설렘의 순간이었다. 자신의 미니 탐험가를 매달고 발사하기 전에 아이들은 각자의 감정을 솔직하게 표현했다.

"기대돼요."

"무서울 것 같아요."

"진짜로 떠나는 기분이에요."

아이들은 '탐험가로서의 자신'을 체험하며 상상과 현실의 경계를 넘나들었다.

5주간 이어진 '상상, 도전, 그리고 나의 이야기' 탐구 여정 속에서 아이들은 IB 학습자상인 '도전하는 사람, 균형 잡힌 사람, 성찰하는 사람'의 자질을 자연스럽게 익혀 갔다. 다양한 교과 지식이 놀이와 연결되며 '지식이 살아 있는 것'을 스스로 느꼈다. 무엇보다 이 과정이 아이들에게 즐거운 놀이로 느껴졌다는 점이 가장 큰 배움이었다. 배움이 놀이가 되고, 놀이가 다시 깊은 배움으로 이어지는 선순환이 자연스럽게 만들어진 것이다. 한 아이의 말은 이 의미를 가장 잘 보여 준다.

"선생님, 저는 여름방학 때 계곡의 세계를 탐험할 거예요."

교실에서 시작된 호기심과 상상력이 아이들의 삶 속으로 스며들어 평생 지속되는 배움의 씨앗이 되는 것, 이것이 우리가 바라는 진정한 배움의 모습이다.

"상상력은 지식보다 중요하다.

지식은 한계가 있지만, 상상력은 세상을 아우른다."

– 알버트 아인슈타인

심화와 확장(9~11월)
: 스스로 질문하고
연결하며 생각이 자라다

– 칼릴 지브란의 「가르침에 대하여」 중

어느덧 입학한 지 6개월이 지나 2학기가 문을 연다. 1학년 아이들은 그동안 새로운 경험을 쌓으며 한층 더 깊이 생각하고, 더 넓게 세상을 바라보는 힘을 조금씩 키웠다. 부모님과 선생님 역시, 이제는 단순히 지식을 알려 주는 것을 넘어서 아이들의 호기심과 탐구심을 어떻게 키워 줄지, 진정한 배움으로 이끌기 위해 어떤 역할을 해야 할지 더 깊이 고민하게 되는 시기이다. 아이의 성장과 변화를 세심하게 살피며, 아이만의 배움의 길을 응원해 주는 것이 그 어느 때보다 중요한 시점이다.

칼릴 지브란의 시는 우리가 바라는 진짜 '배움'이 무엇인지 깨닫게 해 준다. 진짜 교사란 아이들에게 정답을 가르쳐 주는 사람이 아니라 아이 스스로 세상을 탐험하고 배우는 길을 열어 주는 안내자가 되어야 한다. 아이가 주저할 때 손을 내밀어 주고, 새로운 것을 발견했을 때 기뻐하며 "잘했어." 하고 응원해 주는 사람이다.

우리는 때때로 '정답'을 알려 주는 것이 아이를 위한 일이라 착각할 때가 있다. 하지만 아이는 스스로 질문을 던지고, 실수와 시행착오를 겪으며 자신의 힘으로 깨닫는 그 과정을 통해 비로소 진짜 자기만의 지식을 만든다. 그 과정에서 아이는 똑같은 사실도 엄마, 아빠, 선생님과 전혀 다른 감동과 의미로 받아들일 수 있다.

이처럼 아이가 스스로 발견하고 이해한 지식은 오랫동안 잊히지 않을 뿐 아니라 지금보다 더 어렵고 새로운 상황에서도 자유롭게 활용할 수 있는 힘, 즉 '지혜'가 될 수 있다. 시험 점수나 암기로는 얻을 수 없는, 평생을 두고 쓰게 될 소중한 재산이다.

속도가 느려 보여도, 돌아가는 것처럼 보여도 아이가 자기 힘으로 한 걸음 한 걸음 더 넓은 세상을 만나고 그 속에서 스스로 깨달을 수 있게 인내심을 갖고 곁에서 기다려 주어야 한다. 그 기다림은 아이가 언젠가 세상을 또 다른 눈으로 바라보고, 자기만의 길을 힘차게 걸을 수 있게 하는 값진 선물이 될 것이다.

Chapter 9

이해하는 아이가 결국 앞서 간다

- 개념 기반 탐구 학습의 힘

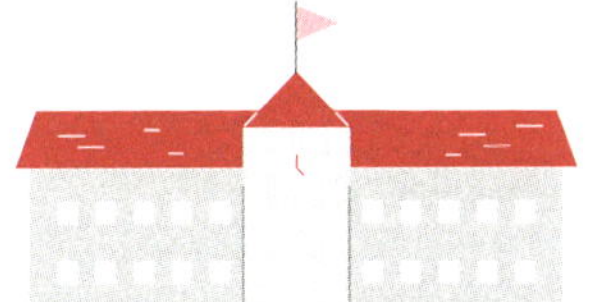

이해 :
생각을 키우고 세상을 넓게 보는 힘

선생님 : "여러분, 어제 빨래를 널었는데 오늘 보니 말라 있었어요. 물은 어

디로 갔을까요?"

우정 : "공기 중으로 사라진 것 같아요."

지혜 : "그럼 그 물은 지금 어디에 있을까요?"

선생님 : "궁금하네요. 우리 함께 추적해 볼까요?"

사랑 : "구름도 물이라고 들었어요. 혹시 그쪽으로 갔을까요?"

선생님 : "흥미로운 생각이네요. 그럼 구름에서 물은 또 어떻게 될까요?"

지혜 : "비가 되어서 다시 내려올 것 같아요."

우정 : "그럼 물이 계속 돌고 도는 거네요."

선생님 : "여러분이 발견한 이 '돌고 도는' 현상을 뭐라고 부를까요?"

아이가 학교에서 좋은 점수를 얻기 위해 외우는 공부, 즉 '암기'에 집중하는 부모가 많다. 물론 정보 기억도 필요하지만, 진정으로 아이가 자기 생각을 키우고 세상을 넓게 보는 힘은 '이해'에서 시작된다. 이해를 중심에 두는 개념 기반 탐구 학습이 중요한 이유가 여기에 있다.

개념 기반 탐구 학습은 아이가 스스로 궁금증을 갖고 질문을 만들며, 주변에서 자료를 찾아보고, 자신의 언어로 답을 정리하는 것을 돕는 교수·학습 방법이다. 이런 과정을 통해 배움은 단순한 정보 습득을 넘어 아이가 평생 쓸 수 있는 힘, 즉 문제해결력과 창의력으로 발전한다.

이해를 촉진하는 '개념'과 '탐구'

'개념'이란 여러 가지 사실이나 현상, 경험을 공통적인 기준에 따라 모아 정리한 큰 생각이나 원리를 의미한다. 제롬 브루너(Jerome Bruner)가 강조한 바와 같이, 개념은 개별적인 정보들을 의미 있는 패턴으로 조직화하는 인지적 도구이다. 개념은 개별적인 지식이나 정보를 넘어서 여러 상황에 공통적으로 적용할 수 있는 일종의 정신적인 틀이라고 할 수 있다.

따라서 개념이 잘 잡혀 있으면 새로운 정보를 만났을 때도 훨씬 빠르고 쉽게 이해할 수 있으며, 다양한 사례에 적용하는 능력도 함께 자란다. 초등 저학년 시기부터 개념을 중심에 두고 학습을 시작하는 것이 중요한 이유가 여기에 있다.

'탐구'란 알고 싶은 질문을 스스로 만들고, 그 답을 찾아가는 적극적인 과정이다. 존 듀이(John Dewey)는 "우리는 행함으로써 배운다.(We learn by doing.)"고 강조하며, 능동적인 탐구 활동의 중요성을 역설했다. 다시 말해, 주어진 내용을 단순히 받아들이는 것이 아니라 '왜 그럴까?', '어떻게 다를까?', '이것이 어디에서 쓰일 수 있을까?'와 같이 스스로 궁금증을 가지고, 필요한 자료를 찾고, 관찰하며, 비교해 보고, 자신의 답을 만들어 가는 활동이다.

이러한 탐구는 정답만 외우는 공부와 달리, 아이 스스로 사고력

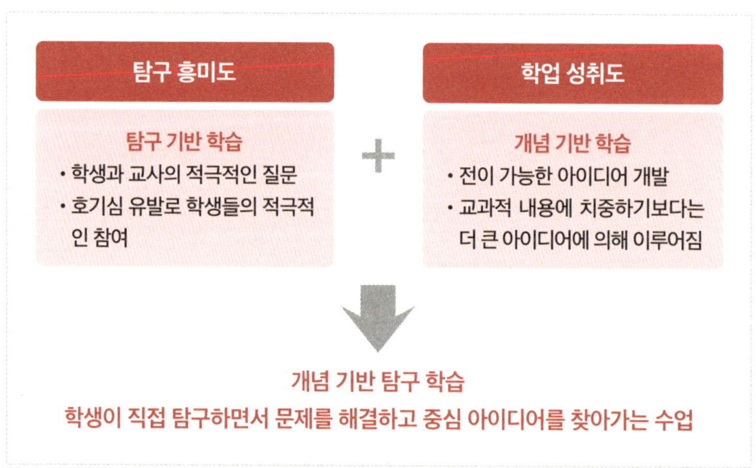

과 문제해결력을 키우도록 돕는다. 탐구를 통해 아이는 단편적 지식이 아니라 근본 원인과 원리를 발견하고, 다양한 상황에 스스로 적용할 수 있게 된다.

이처럼 개념과 탐구는 서로 뗄 수 없이 긴밀하게 연결되어 있다. 뿐만 아니라 이 2가지 방법을 함께 활용하면 아이는 학업에 대한 흥미와 실제 성취라는 두 마리 토끼를 동시에 잡을 수 있다. 개념은 여러 가지 지식과 다양한 경험을 이어 주는 공통된 바탕이 되어 준다. 그리고 탐구를 통해 아이는 그 개념이 실제로 어떻게 쓰이고, 왜 중요한지 구체적으로 확인하고, 자기 것으로 확장하는 기회를 갖게 된다. 이 두 과정을 반복하면서 아이는 점차 자신만의 튼튼한 배움의 힘을 키워 나가게 된다.

왜 초등학교 1학년이 개념 기반 탐구 학습 시작의 적기인가?

초등학교 1학년은 개념 기반 탐구 학습을 시작하기에 가장 알맞은 시기이다. 발달심리학에서는 초등학교 1학년이 지적 호기심이 가장 활발하게 나타나고, 세상을 새롭게 바라보며 기대와 감탄으로 가득한 시기라고 본다.

이 시기에 부모와 선생님은 아이의 질문을 귀 기울여 들어주고 따뜻하게 응원해 주어야 한다. 그러면 아이가 궁금한 것을 마음껏 물어보며, 함께 답을 찾아나가는 과정에서 뿌듯함과 자신감을 키우게 된다.

브루너의 발견 학습 이론에 따르면, 학생이 스스로 주제를 찾아 탐색하고, 얻은 정보를 바탕으로 지식을 체계적으로 쌓아 갈 때 가장 효과적으로 배운다고 한다. 초등학교 저학년부터 아이가 자기 주변을 관찰하고, 궁금한 점을 스스로 질문하며 배우는 경험을 계속 쌓다 보면, 아이 머릿속에는 평생 써먹을 수 있는 자기주도학습의 힘이 길러진다. 이러한 힘은 시간이 지날수록 더욱 특별하고 중요한 무기가 된다.

때로는 아이가 끊임없이 하는 질문에 부모는 피곤함을 느낄 수 있다. 그러나 그 질문 하나하나는 아이가 새로운 세상으로 나아가는 작은 발걸음이고, 더 크게 성장하기 위한 과정임을 기억해야 한다. 부모의 따뜻한 응원과 한마디 위로는 아이에게 커다란 힘과 용기가 된다.

이해력이 높은 아이가 더 멀리, 더 빠르게 성장한다. 초등학교 1학년부터 개념 기반 탐구 학습을 일상에서 하나하나 실천해 나갈 때 아이는 자기만의 생각을 가질 수 있고, 세상을 이끌어 나갈 수 있는 멋진 리더로 성장한다. 부모와 교사는 아이 곁에서 질문과 탐구의 여정을 함께 걷는 든든한 동반자가 되어야 한다. 이 경험이 바로 아이의 미래를 밝혀 주는 가장 큰 원동력이 된다.

학습 전이 :
개념 기반 탐구 학습의 핵심

"교육이란 학교에서 배운 것을 모두 잊고 난 후에 남는 것이다."라는 알베르트 아인슈타인의 말처럼 아이의 공부가 진짜 의미 있으려면 '얼마나 빨리 외우냐?'보다 '얼마나 내 것으로 만드느냐?'가 중요하다. 같은 내용을 배워도 아이가 어떤 방식으로 배웠느냐에 따라 머릿속에 남는 것도, 앞으로 꺼내 쓰는 힘도 큰 차이가 생긴다.

학습의 본질적인 질문은 "인간의 기억은 얼마나 남는가? 그리고 배운 것을 실제로 얼마나 오래 기억하고 다른 곳에 쓸 수 있는가?"이다. 19세기 독일의 심리학자 헤르만 에빙하우스(Hermann Ebbinghaus)는 실험을 통해 우리의 뇌가 정보를 얼마나 빠르게 잊어버리는지 '망각 곡선'을 밝혀냈다.

그의 실험에 따르면, 아무 의미 없는 말이나 글자를 여러 번 반복해서 외웠을 때 단 하루 만에 원래 배웠던 내용의 67%가 사라지고, 일주일이 지나면 무려 77%까지 잊힌다는 결과가 나왔다. 단순 암기의 한계를 수치로 보여 주는 유명한 연구이다.

반면 같은 내용을 깊이 이해하며, 맥락을 파악하고 원리를 이해한 경우, 그 정보가 머릿속에 훨씬 오래 남는다. 이는 단순히 암기한 지식은 금세 사라지지만, 깊이 이해한 내용은 뇌에 견고하게 각인된다는 사실을 의미한다. 예를 들어, 구구단을 단순히 외운 아이는 일주일만 지나도 대부분의 곱셈 결과를 떠올리지 못하지만, 곱셈의 원리를 스스로 생각하고 이해하며 배운 아이는 오랜 시간이 지나도 그 원리와 방법을 명확히 기억할 수 있다.

한 번 배운 것이 평생을 바꾼 이야기

학습 전이를 잘 보여 준 유명한 인물이 있다. 바로 스티브 잡스이다. 그는 대학생이었을 때 정규 수업은 듣지 않고 관심 있는 수업만 몰래 들어가서 듣곤 했다. 그중 하나가 '서체' 수업이었다. 그 수업에서 잡스는 글자 하나하나의 아름다움에 푹 빠졌다. 글자의 굵기가 어떻게 변하는지, 글자 사이의 간격이 얼마나 중요한지, 같은 글자라도 어떻게 쓰느냐에 따라 전혀 다른 느낌을 줄 수 있다는 것을 배웠다. 당시에는 아무도 몰랐다. 이 젊은이가 한 글자 한 글자 정성스럽게 쓰며 배운 것이 나중에 전 세계를 바꿀 거라는 것을….

잡스가 매킨토시라는 컴퓨터를 만들 때였다. 그때까지 컴퓨터 화면의 글자는 모두 똑같고 딱딱했다. 하지만 잡스는 달랐다. 대학 시절에 배운 그 아름다운 글자들이 머릿속에 생생히 남아 있었기 때문이다. 잡스는 굵은 글자, 가느다란 글자, 우아한 글자, 재미있는 글자 등 서체 수업에서 본 그 모든 아름다움을 컴퓨터에도 담고 싶었다.

잡스는 개발자들에게 말했다.

"컴퓨터 화면에도 아름다운 글자가 나와야 해."

잡스는 나중에 이렇게 말했다.

"만약 그때 서체 수업을 듣지 않았다면 매킨토시는 아름다운 글꼴을 가질 수 없었을 거예요. 그리고 윈도우도 맥을 따라 예쁜 글꼴을 만들었으니까…. 결국 세상의 모든 컴퓨터가 못생긴 글자만 썼을 거예요."

이것이 바로 학습 전이의 힘이다

붓으로 글씨를 쓰는 것과 컴퓨터를 만드는 것은 전혀 다른 일 같아 보인다. 하지만 잡스가 서체 수업에서 배운 '아름다움을 보는 눈', '세심함', '완벽을 추구하는 마음'은 그대로 컴퓨터 개발에 전이되었다.

아이들이 지금 배우는 것들도 모두 마찬가지다. 블록 쌓기에서 배운 균형감각, 그림 그리기에서 기른 관찰력, 친구들과 놀면서 배운 협력하는 방법…. 이 모든 것이 언젠가는 아이만의 특별한 재능으로 꽃피울 것이다. 지금 당장은 쓸모없어 보이더라도 아이가 진심으로 집중하고 즐겁게 배운다면 그것은 반드시 아이의 미래를 더 빛나게 만들어 줄 것이다.

하나를 알면 열을 안다

'하나를 알면 열을 안다.'는 속담은 어떤 한 가지 핵심 개념이나 원리를 깊이 이해하면 그 하나를 바탕으로 비슷한 문제나 새로운 상황에 부딪혔을 때 스스로 해결할 수 있다는 뜻이다. 이와 같이 본질을 꿰뚫는 힘이 진짜 학습의 힘이다.

IB에서 특히 강조하는 개념 기반 탐구 학습은 바로 이 학습 전이에 가장 큰 가치를 둔다. IB 교육 과정은 단순히 많은 지식을 암기하고 시험 점수를 높이는 데에만 집중하지 않는다. 오히려 학교에서 배운 핵심 개념과 원리를 아이들이 집이나 학교, 그리고 더 넓은 세상 속에서 어떻게 연결 짓고, 어떻게 새로운 상황에 맞춰 응용할 수 있는지에 주목한다.

IB는 학교에서 수업 시간에 배운 개념이 하루 동안 일상생활 곳곳에서 수많은 상황과 맞닿아 있음을 강조한다. 예를 들어, 학교에서 '공정함'의 개념을 배운 아이가 이를 바탕으로 친구와의 놀이나 간단한 게임에서 차례를 공평하게 나누며 실천하는 모습을 보일 수 있다. 이런 연습이 바로 개념 기반 탐구 학습의 중요한 목표이다.

개념 기반 탐구 학습에서는 아이가 단편적인 문제 몇 개를 빠르게 푸는 것보다, '왜 이런 답이 나왔을까?', '이 원리가 또 어디에 쓰일 수 있을까?'와 같은 깊은 탐구를 통해 자신만의 이해를 쌓아 가는 과정을 중시한다. 이 과정에서 아이들은 주요 원리 한 가지만 잘 배워 두어도 그 지식이 점차 여러 분야와 연결되어 넓고 깊은 이해로 이어질 수 있다. 마치 씨앗 하나를 잘 심어서 큰 나무로 키워 내는 것처럼 작은 개념 하나가 여러 경험 속에서 반복적으로 사용되며 진짜 힘이 되어 준다.

오늘 아이가 학교에서 무엇을 배웠는지 묻기보다는, "오늘 배운 것 중에서 우리 생활에서도 써 볼 수 있는 게 있을까?"라고 물어보자. 이 작은 질문 하나가 아이의 배움을 살아 있는 지혜로 바꾸는 마법의 열쇠가 될 것이다.

일상 속에서 일어나는 작은 기적들

사실 아이는 매일매일 작은 학습 전이를 경험하고 있다. 아이가 혼자 신발 끈을 묶었던 경험이 언젠가는 달리기 대회 때 넘어지지 않게 해 주고, 간단한 숫자 세기를 배운 경험이 가게에서 거스름돈을 받을 때 도움이 된다.

학교에서 배운 '줄 서기'가 놀이공원에서 질서를 지키는 습관으로 이어지고, 교실에서 친구와 간식을 나누어 먹은 경험이 집에서 동생과 장난감을 나누는 배려심으로 발전한다. 국어 시간에 배운 인사말이 아파트 엘리베이터에서 이웃 어른께 밝게 인사하는 모습으로 나타나고, 미술 시간에 익힌 색깔 구분이 신호등을 보며 안전하게 길을 건너는 지혜가 된다.

이러한 순간들은 단순해 보이지만, 실제로는 아이의 뇌에서 복잡하고 아름다운 연결 과정이 일어나고 있다. 신경과학자들의 연구에 따르면, 학습 전이가 일어날 때 뇌의 여러 영역이 동시에 활성화되며 새로운 신경 연결망이 형성된다고 한다. 바로 이것이 우리 아이가 배우는 힘, 새로운 세상을 향해서 한 걸음씩 나아갈 수 있게 하는 따뜻한 성장의 과정이다.

아이의 이런 성장을 지켜보는 부모와 교사의 마음은 참으로 뭉클하다. 어제까지 서툴렀던 작은 손이 오늘은 연필을 꼭 쥐고 글자를 써 내려가고, 낯설어하던 친구와 어느새 손을 잡고 함께 웃으며 뛰어노는 모습을 보면 아이가 얼마나 놀라운 존재인지 새삼 깨닫게 된다.

부모와 선생님은 아이가 오늘 배운 작은 지식이 내일 더 넓은 세상에서 쓰일 수 있도록 따뜻하게 격려해 주는 것이 중요하다. 이런 응원이 아이가 스스로 이해하고 앞서 나갈 수 있는 첫걸음이 된다.

**학습 전이는 지식의 이동이 아니라
아이 안에서 피어나는 지혜의 꽃이다.
그 꽃이 활짝 필 수 있도록 오늘도 아이의 작은 성장을
발견하고 응원하는 따뜻한 어른이 되자.**

Chapter 10

하루를 설계하는 작은 건축가

– 스스로 만드는 생활 리듬

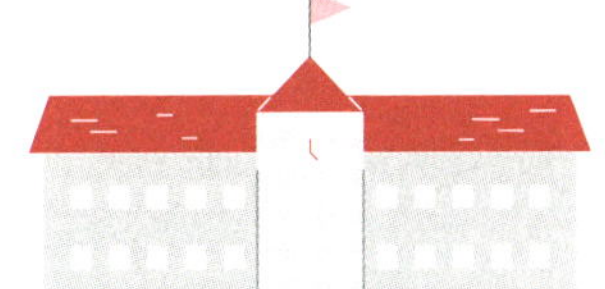

내가 그리는 시간지도

아침 햇살부터 저녁 노을까지 : 하루를 디자인하는 1학년들

8월 말, 여름 방학을 마치고 교실로 돌아온 아이들의 얼굴에는 햇볕에 그을린 피부와 방학의 생기가 남아 있다. 각자의 웃음 속에는 다 다르게 빛난 여름의 하루들이 숨어 있다.

2학기의 문을 열며 우리는 '변화하는 하루, 달라지는 생활'이라는 새로운 탐구 여정을 시작했다. 이제 하루를 단순히 흘려보내는 시간이 아니라 '하루라는 길 위에서 나와 세상이 만나는 방법을 배우는 시간'으로 바라보려고 한다.

"방학 동안 특별했던 하루를 이야기해 볼까요?"라는 질문에 교실은 금세 이야기로 가득 찬다. 물놀이하며 즐거웠던 시간, 캠핑장에서 밤하늘의 별을 올려다본 시간, 친구와 밤늦게까지 놀던 시간…. 아이들의 이야기 속에는 오전에서 오후, 저녁, 그리고 밤으로 이어지는 시간의 흐름과 그때그때 달라지는 감정의 결이 자연스럽게 담겨 있다.

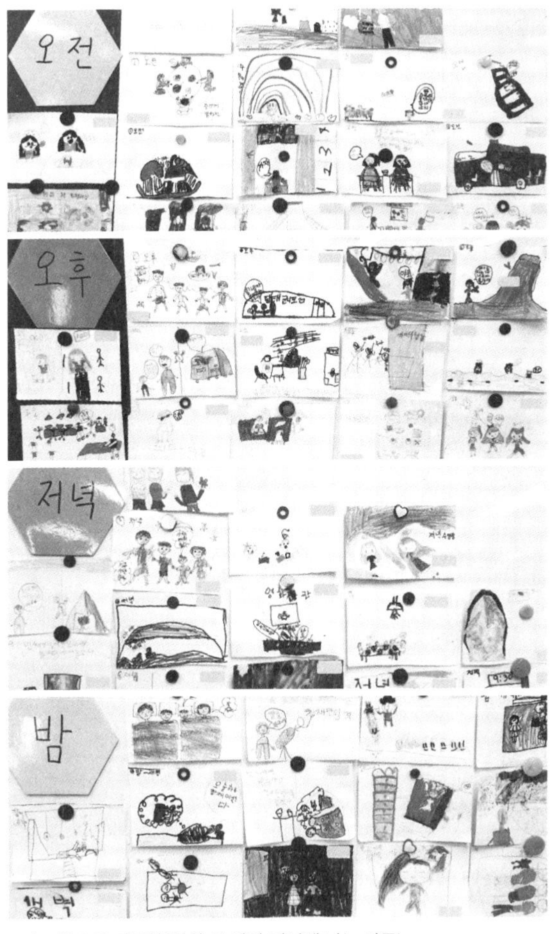

4컷 그림으로 기록한 '방학 중 가장 기억에 남는 하루'

우리는 방학 중 가장 기억에 남는 하루를 4컷 그림으로 표현하는 활동으로 탐구를 시작했다. 그 속에는 아이들이 느낀 하루의 리듬, 자신만의 속도와 즐거움이 다채롭게 그려졌다. 이 경험을 통해 아이들은 하루의 구조를 인식하고, 시간의 변화에 따라 달라지는 마음과 행동을 발견하기 시작했다.

아이들은 이제 '작은 건축가'가 되어 자신의 하루를 직접 설계하는 시간 여행을 떠난다. 아침 햇살부터 저녁노을까지 스스로 만드는 하루의 리듬 속에서 '나답게 사는 하루'의 의미를 찾아가는 여정을 연다.

나를 깨우는 시간 : 아침의 얼굴

아침은 하루의 시작이자 하루의 리듬을 만들어 가는 첫 단계다. 하지만 1학년에게 아침은 의욕적인 출발이라기보다 '시작하기 전부터 이미 바쁜 시간'인 경우가 많다. 까치집 지은 머리와 떼지 못한 눈곱, 가방끈이 흘러내린 채 허둥지둥 신발을 갈아 신는 모습, 반쯤 꿈속에 있는 얼굴들이 교실 문을 연다. 스스로 아침을 주관하기에는 이른 나이다. 대부분의 아침은 부모님이 이끌고 밀어 주는 힘으로 간신히 굴러 간다. "빨리 세수해.", "가방 챙겼어?", "지각이야."라는 말들이 집 안에 울리면서 아이의 하루는 '해야 하는 일'들의 연속으로 달리기 시작한다.

그래서 이번 활동은 그런 바쁜 시작 속에서도 '나를 깨우는 진짜 아침', 즉 스스로 하루를 시작한다고 느끼는 순간을 찾아보는 데 초점을 두었다. 아이들은 먼저 자신이 맞는 아침 풍경을 떠올렸다.

"내 방 창밖에는 어떤 빛이 들어올까?"

"아침에 가장 먼저 들리는 소리는 뭘까?"

"아침에 내가 제일 먼저 하는 일은 뭘까?"

이 질문들은 아이들이 당연하게 지나치던 시간을 '나의 시간'으로 바라보게 만들었다.

감정 이모티콘으로 자신의 '아침 얼굴'을 표현했다. 어떤 아이는 햇살을 닮은 웃는 얼굴을, 어떤 아이는 눈꺼풀이 반쯤 감긴 표정을 그렸다. 그림을 나누며 아이들은 "내 아침은 바빠서 벌써 지쳐 있어요.", "엄마가 머리 묶어 주면 그제야 정신이 들어요." 하며 서로의 이야기를 들려주었다. 그렇게 아이들은 서두름 속에서도 자신만의 리듬, 감정, 그리고 하루의 작은 시작점을 발견했다.

교사 성찰

'나를 깨우는 시간'은 비단 아이들만의 이야기가 아니다. 교사에게도 아침은 하루의 수업 분위기와 아이들의 집중도, 관계의 흐름을 결정짓는 출발점이 된다. 아이들이 어떤 감정으로 교실 문을 여는지 민감하게 포착하려면, 먼저 교사 자신이 어떤 감정으로 하루를 열었는지를 인식하는 일이 선행되어야 한다. 교사의 기분과 에너지는 교실의 공기처럼 아이들에게 은밀하지만 빠르게 전해지기 때문이다.

'아침 점검'은 교사의 감정 점검에서 출발해 아이들의 감정으로 확장되는 순환적 활동으로 이해할 수 있다. '오늘 나는 어떤 감정으로 아이들을 맞이하고 있는가?'를 스스로 묻는 짧은 루틴이 필요하다. 교실에 들어서기 전에 '오늘 내 마음의 색은 무엇일까?' 혹은 '오늘 나는 어떤 표정으로 인사를 건네고 싶은가?'를 떠올리며 하루를 열자.

그 후 아이들과 함께 '오늘의 기분 색깔 고르기', '마음 날씨 이야기하기' 같은 정서 기반의 아침 인사를 이어 가면 좋다. 이때 중요한 것은 교사의 감정이 아이들의 감정을 조율하거나 수정하는 도구가 아니라 서로의 하루를 함께 여는 교감의 출발점이 되어야 한다는 점이다.

교사가 자신의 아침 리듬을 스스로 조율할 줄 알 때 아이들도 자신만의 리듬을 찾는 연습을 자연스럽게 배운다. 결국 '나를 깨우는 시간'은 교사와 아이 모두가 하루의 중심을 스스로 세우는 시간이다. 그 출발이 교사의 한 호흡의 여유, 한마디의 따뜻한 인사에서 시작된다면 교실의 아침은 훨씬 더 따뜻하고 단단하게 열릴 것이다.

주도성을 기르는 나만의 아침 루틴 보드게임 만들기

아이들은 자신이 매일 아침 반복하는 일을 순서대로 그림 카드로 표현했다. 어떤 아이는 일어나자마자 세수하고 밥을 먹는가 하면, 어떤 아이는 먼저 이불 개고, 옷 입고, 학교 가기 직전에 세수를

아이들이 직접 만든 보드게임판

놀이 시간에 '보드게임 챌린지'를 통해 주도적으로 놀이 여정을 만들어 가는 모습

한다. 순서대로 놓인 그림 카드를 이어 붙이자 저마다의 아침 풍경이 담긴 보드게임이 완성된다. 주사위를 던져 친구의 아침 루틴 칸에 도착하면 해당 행동을 몸짓으로 표현하거나 짧게 이야기한다.

"나는 아침에 눈이 잘 안 떠져서 빙글빙글 돌아."

"엄마가 학교에 늦는다고 해서 빛의 속도로 양치했어."

교실은 금세 웃음소리로 가득 찬다. 놀이를 통해 아이들은 서로의 아침이 얼마나 다르고, 그 다름이 얼마나 자연스러운지를 깨닫는다.

“이렇게 다 다르다는 게 신기해요.”

“내가 만든 게임으로 친구랑 놀 수 있어서 좋아요.”

겉보기에는 단순한 보드게임이지만, 이 활동 속에는 아이들의 주도성과 자기이해가 깊이 자리한다. 자신의 아침을 돌아보며 스스로 묻는다.

‘나는 어떤 아침을 보내고 있을까?’

‘내가 스스로 해 볼 수 있는 일은 무엇일까?’

또한 시간의 흐름을 이해하는 감각을 기르며 수학 교과의 ‘시계 읽기’ 학습으로 자연스럽게 확장되는 내적 동기도 함께 자라난다. 작은 보드판 위에 펼쳐진 아이들의 아침은 모두 달랐지만, 그 안에는 하나같이 ‘스스로 하루를 짓는 힘’이 반짝이고 있다.

시간의 얼굴을 그려요

어른이 되면 하루를 시간 단위로 나누어 살지만, 아이들에게 시간은 여전히 ‘순간의 연속’으로 느껴진다. 아침과 낮과 밤이 어떻게 다르고, 그 안에서 나의 느낌이 어떻게 달라지는지를 알아차리는 건 ‘시간 감각’을 기르는 첫걸음이다. 그래서 이번 탐구의 목표는 시간의 흐름을 시각적·감각적으로 느껴 보는 것이다.

아이들은 하늘의 타임랩스 영상을 통해 하늘의 색을 관찰하며 하늘의 색이 단순한 파랑과 검정이 아니라 수십 가지의 빛깔로 이어져 있음을 발견한다.

"아침은 하얗게 빛나고, 점심은 반짝이고, 저녁은 주황색으로 따뜻해요."

시간이라는 추상적 개념이 하늘의 색으로 구체적인 '얼굴'을 갖게 된다. 누군가는 노을의 분홍빛을, 다른 누군가는 해 질 무렵의 푸르스름한 어둠을 담는다. 손끝으로 파스텔을 비비며 색을 만드는 동안 시간은 단순히 흘러가는 것이 아니라는 것이 느껴진다. 이 활동은 '우리 반의 아침부터 밤까지 아모그래피'로 이어져 교실 벽에 하나의 긴 하루를 전시했다.

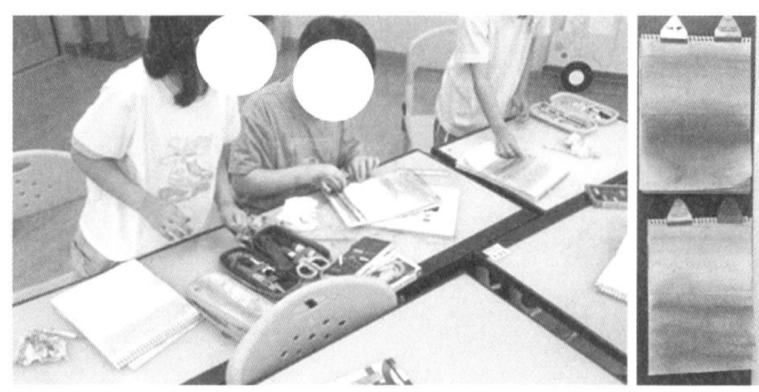

하늘의 타임랩스 영상을 통해 빛과 색을 관찰하고 표현하는 모습

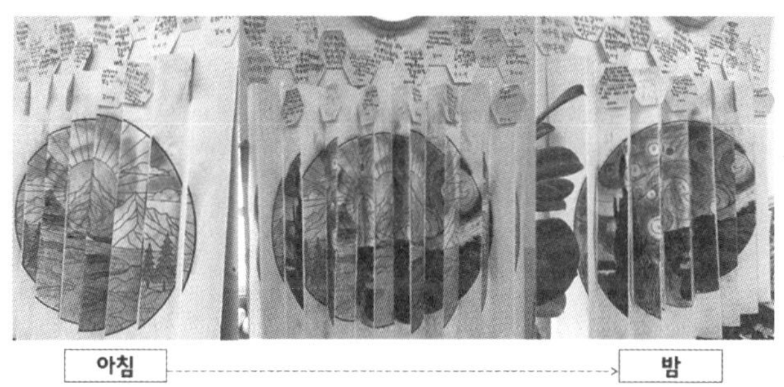

보는 방향에 따라 그림이 달라지는 '아가모그래프' 기법을 활용한 '하늘의 색' 협동화

하루의 색을 탐색하는 일은 시간을 느끼고 이해하는 감각을 기르는 과정이다. 숫자와 시계로 시간을 읽고 계산하는 것도 중요하지만, 그보다 먼저 아이들이 시간의 흐름을 몸으로 느끼고 마음으로 인식하는 경험을 갖는 것이 필요하다.

시계를 읽고 그려도 어떤 시간대가 앞서는지 잘 모르는 아이가 많다. 새벽 3시에 공부를 하고 낮 2시에 학교를 가는 것으로 표현하기도 한다. 시간의 흐름을 '몇 시에 무엇을 한다.'는 규칙이 아니라 빛의 밝기, 공기의 온도, 하늘의 색, 그때의 기분 같은 내적인 경험으로 안내하면 아이들은 시간 속에서 흐름에 맞게 살고 있는 '나'를 발견하게 된다.

이 경험은 자신의 생활 리듬을 자각하고 주도적으로 조율하는 힘으로 이어진다. 이후 '일과 계획 세우기', '하루 리듬 설계' 같은 활동으로 자연스럽게 확장되며, 아이가 시간을 관리하는 존재에서 지혜롭게 사용하는 존재로 성장하는 기반이 된다.

결국 시간은 배우는 것이 아니라 살아 보며 이해하는 것이며, 그 흐름 안에서 자신을 인식하는 것이 진짜 '시간 감각'의 시작임을 교사는 잊지 않아야 한다.

나만의 생활 설계도

'해야 해서'가 아니라 '하고 싶어서' 하는 일 찾기

우리는 하루 중 대부분의 시간을 '정해진 일정'에 따라 보낸다. 아침이면 학교에 가고, 오후에는 수업과 숙제, 각종 방과후 활동으로 이어진다. 하지만 아이들에게 '해야 해서 하는 하루'보다 '하고 싶어서 하는 하루'가 훨씬 더 풍요롭다는 것을 느끼게 해 주고 싶었다.

그림책 『엄청나게 커다란 소원』을 함께 읽고, 아이들과 책 속 주인공처럼 자신의 마음속에 있는 진짜 하고 싶은 일을 소원처럼 떠올려 보았다. 그중에서도 '오후'라는 시간대에 집중했다. 오후는 아침의 분주함이 지나가고, 피로와 나른함이 찾아오는 시간이지만,

동시에 아이들이 스스로 하루를 조율할 수 있는 여백의 시간이기 때문이다.

'내가 꿈꾸는 오후'를 주제로 노래 가사를 새롭게 만들어 보았다. "오후에는 해야 할 게 많아요.", "공부도 하고, 방과후도 가야 하고, 숙제도 해야 해요."라는 말로 시작된 가사는 서로의 이야기를 충분히 나누는 사이 점점 달라졌다. 아이들은 '친구랑 놀이터에서 실컷 놀기', '도시락 들고 아빠, 엄마와 소풍 가기', '책 읽으면서 느긋하게 쉬기', '강아지와 산책하기', '예쁜 문구 쇼핑하기' 등 하고 싶은 것들을 말했다.

아이들은 현실의 '바쁜 오후'와 자신이 바라는 '이상적인 오후'를 나란히 비교하며, 진짜 자신이 원하는 하루의 리듬이 무엇인지 스스로 발견하게 되었다. "가끔은 정말 이런 날이 있으면 좋겠어요."라는 말 속에는 단지 놀이에 대한 욕망뿐 아니라 스스로의 행복을 설계해 보고 싶은 주도적인 의지가 담겨 있었다.

이 경험을 통해 아이들은 시간의 흐름에 따라 감정과 에너지가 달라진다는 사실도 자연스럽게 느꼈다. 해야 하는 일과 하고 싶은 일, 현실과 바람 사이의 균형을 스스로 성찰하며, '리듬을 세운다.'는 것은 단순히 시간을 계획하는 것이 아니라 자신이 가장 살아 있는 순간을 발견하는 과정임을 배워 나갔다.

교사 성찰

아이들과의 이 활동은 교사인 나에게도 '하루를 바라보는 눈'을 새롭게 열어 준 경험이었다. 아이들의 가사 속 '하고 싶은 일'은 단

순한 바람이 아니라 자신이 살아 있음을 느끼는 방식이었다. 그
들의 노랫말을 들으며 문든 나 자신에게 질문을 던지게 되었다.
"나는 아이들의 하루에 '하고 싶어서 하는 시간(지니어스 아워)'을
얼마나 남겨 두고 있을까?"
교사는 아이들의 일정을 가득 채우는 사람이 아니라 아이들이 자
신만의 리듬을 찾아 나가도록 숨 쉴 수 있는 틈과 여백을 만들어
주는 사람이어야 함을 다시금 깨달았다.
결국 교육은 아이의 하루를 관리하는 일이 아니라 아이 스스로
자기 삶의 리듬을 발견하도록 돕는 일임을 이 과정이 조용히 일
러 주었다.

내가 만드는 하루 시간표

하루를 지치지 않고 보낼 수 있는 가장 좋은 방법은 일, 쉬는 시
간, 생각하는 시간을 균형 있게 배치하는 것이다. 아이들과 함께
"하루를 어떻게 보내면 몸과 마음이 덜 피곤할까?"를 이야기하며,
에너지가 오르는 순간과 쉬어야 하는 순간을 탐색했다. 그 과정에
서 아이들은 저녁과 밤이 단순히 하루의 끝이 아니라 다시 힘을 채
우는 회복의 시간임을 깨닫기 시작했다.

"저녁과 밤은 어떤 느낌이었지?"라는 교사의 질문에 아이들은
저마다의 하늘을 떠올렸다.

"저녁 하늘은 주황과 보라색이 섞여 따뜻해요."

"가족이랑 밥을 먹고 쉬면 마음이 편해져요."

"밤에는 반짝이는 별과 달이 보이고 고요해요."

이야기를 나누며 아이들은 하루가 멈추는 것이 아니라 다음 날을 준비하는 순환의 과정임을 알게 되었다.

"밤에 잠을 잘 자면 왜 좋을까?"라는 질문에 아이들의 현실감 있는 대답이 쏟아졌다.

"잠을 못 자면 학교에서 눈이 자꾸 감겨요."

"머리가 아프고 기분이 나빠요."

"친구한테 괜히 화를 내기도 해요."

"키가 안 커요."

단순히 수면의 필요성을 배우는 것이 아니라 좋은 잠이 몸과 마음을 건강하게 한다는 생활의 리듬을 찾아냈다. 이어서 아이들은 각자의 경험을 살려 따뜻한 우유를 마시기, 좋아하는 책 읽기, 부모님께 포근하게 안기기 등 자신만의 '꿀잠 레시피'를 공유했다. "꿀잠을 자면 내일이 더 기분 좋아요.", "다음 날 집중이 잘 돼요."라는 말 속에서는 자신이 하루의 마무리를 잘 조율해 낸 뿌듯함이 묻어 있

'꿀잠'을 주제로 아이들이 몸과 글로 함께 나눈 다양한 표현

었다.

하지만 지치지 않는 하루를 만드는 데 필요한 건 잠뿐만이 아니다. 마음의 리듬 역시 하루를 움직이는 중요한 축이기 때문이다. 아이들과 함께 하루 속 감정의 변화를 탐색하면서 오전의 설렘, 오후의 활기, 저녁의 평온, 밤의 차분함을 언어로 표현해 보았다. 교실 뒤편의 '감정 자석 보드'에 아이들의 기분이 시간의 흐름에 따라 펼쳐졌다.

"아침에는 졸리지만 새로운 하루가 기대돼."

"오후에는 친구들과 신나게 놀아서 재미있어."

"저녁이랑 밤에는 가족과 집에 함께 있어서 편안해."

이렇게 마음의 색도 하루의 시간처럼 변한다는 사실을 자연스럽게 느꼈다.

이후 '마음 모으기 활동'에서 하루를 마음의 색깔로 기록하며 감정을 스스로 관찰하고 돌보는 힘을 기르는 시간을 가졌다.

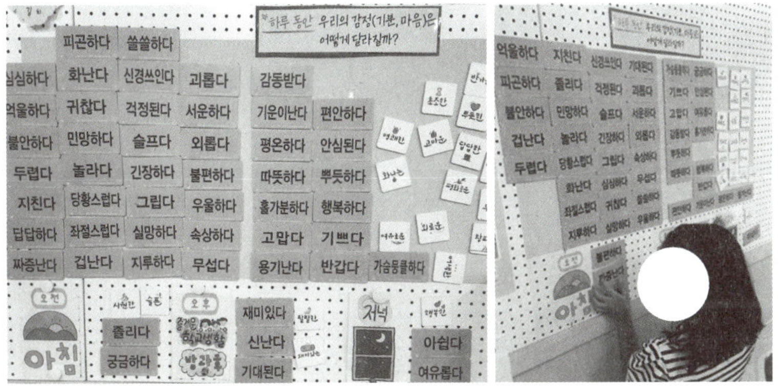

자신의 마음을 시각화하는 활동으로 자신과 친구의 정서를 깊이 있게 이해하는 '감정 자석 보드'

자신의 감정을 색으로 정의하고 표현하며 마음을 시각화하는 활동

"화가 날 땐 숨을 크게 쉬어.", "슬플 땐 친구에게 얘기해."라는 빨간 마음을 진정시키는 나만의 방법을 나누었던 '빨간 마음 활동'을 떠올리며 마음도 쉬어야 더 단단해진다는 깨달음이 자랐다.

이렇게 완성된 '나만의 하루 시간표'에는 일과 쉼, 마음, 생각이 자연스레 어우러졌다. 아이들은 이제 단순히 '무엇을 언제 할지'를 적는 대신 자신이 어떤 리듬으로 살아가고 싶은지를 설계할 수 있다. "잠깐씩 쉬면 더 열심히 할 수 있어요.", "마음이 편해야 하루가 즐거워요."라는 아이들의 성찰에서 자신의 속도와 리듬을 존중하는 주도성이 자라고 있었다.

결국 지치지 않는 하루란 해야 할 일, 하고 싶은 일, 쉬는 시간 사이에서 내 속도를 스스로 조율할 줄 아는 하루다. 아이들이 수면의 중요성, 감정의 흐름, 휴식의 의미를 배우고 실천하는 과정은 곧 자기초절력을 키우는 훈련이었다. '나를 돌보는 일'이야말로 하루를 단단하게 살아가는 지혜로운 첫걸음임을 아이들은 내가 만드는 하루 시간표 속에서 배우고 있었다.

나의 하루를 돌아보는 시간

달라진 하루, 달라진 나

학교 일과를 마무리할 때 우리 학급 아이들은 몇 가지 질문으로 자신이 보낸 시간 속에서 무엇이 달라졌는지 돌아본다.

"오늘 나는 어떤 순간에 기뻤을까?"

"언제 조금 힘들었을까?"

"내가 가장 뿌듯했던 일은 무엇이었을까?"

단순히 즐거웠던 일만 나누는 것이 아니라 스스로를 돌아보며 하루의 감정과 행동을 연결해 보는 시간이다.

"친구랑 다퉜는데 먼저 사과하고 화해했어요."

“오늘 국어 시간에는 큰 목소리로 발표해서 뿌듯해요.”

“모둠 책상 주변이 더러워서 제가 그냥 쓸었어요.”

아이들의 이야기 속에는 크고 작은 성장의 순간들이 숨 쉰다. 처음에는 ‘했어요.’, ‘좋았어요.’로 끝나던 문장이 점차 ‘하기 싫었지만 해냈어요.’, ‘걱정됐는데 생각보다 괜찮았어요.’처럼 감정과 생각의 변화가 담긴 문장으로 바뀌었다.

세계가 돌아가는 방식에서 하루를 탐구하고 나니, 이렇게 하루를 돌아보는 짧은 시간은 ‘내가 오늘을 어떻게 살아냈는가?’를 스스로 성찰하고, 결과보다 과정을 바라보게 하는 의미 있는 시간이 되었다.

“오늘 잘한 일은 뭐였을까?”

“힘들었지만 포기하지 않은 순간이 있었나?”

“내일의 나는 어떤 모습이면 좋을까?”

이런 질문들 속에서 아이들은 자신이 해낸 일의 의미를 깨닫고, 자신의 일상이 단순한 반복이 아니라 변화와 성장의 연속임을 인식한다. 어제보다 조금 더 용기 내고, 조금 더 다정해진 자신을 발견하며 “나도 이렇게 할 수 있구나.”라는 자존감이 자란다.

교사 성찰

아이들과 함께 ‘하루를 돌아본다.’는 일은 교사에게도 의미 있는 시간이다. 수업의 성취나 과제의 완성도보다 아이 한 명 한 명의 표정과 말에 담긴 하루의 온도를 느낄 수 있기 때문이다. 아이들이 자신이 느꼈던 순간을 솔직하게 이야기하는 모습에서 ‘오늘 이 아이가 무엇을 배우고, 어떤 마음으로 하루를 살았는가?'를 가장 가까이에서 마주한다.

하루 성찰은 하루를 정리하는 시간이 아니라 자신을 이해하고 인정하는 힘을 기르는 과정이다. 교사는 이 시간을 통해 아이들이 스스로에게 "나는 오늘도 잘 해냈어.", "내일은 조금 더 나은 내가 될 수 있어."라고 말할 수 있도록 돕는다. 성찰은 칭찬이나 평가가 아닌 '나에 대한 존중'으로 완성되는 것이다. 교사 또한 아이들과 함께 하루를 돌아보며 '가르침'이 아닌 '함께 걸어감'을 배운다.

내일을 설계하는 우리 : 함께 만드는 건강한 하루 리듬

아이들은 이제 '내일'을 짓는 건축가가 되었다. 오늘보다 조금 더

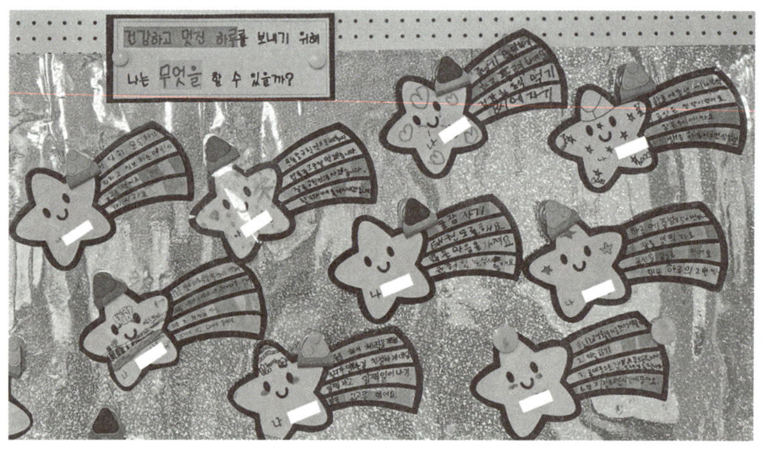

더 나은 내일을 위해 아이들이 스스로 세운 작은 목표들

단단하고 건강한 하루를 만들기 위해 자신이 실천할 수 있는 작은 목표를 스스로 세워 보았다. '내일은 친구한테 먼저 인사하기', '화를 참기보다 대화로 풀기', '숙제 전에 내가 좋아하는 일 5분 하기', '잠자기 전에 스트레칭하기', '일찍 자고 상쾌하게 일어나기'와 같은 현실적이고 솔직한 목표들이다.

크고 거창하지는 않지만 확실한 변화의 씨앗이다. 아이들의 다짐이 구체적일수록 얼굴에는 책임감과 기대가 함께 피어난다. 그 표정 속에는 자신의 삶을 스스로 설계하고 조율하는 힘이 조금씩 자라나고 있었다.

배움은 집으로도 이어졌다. 아이들은 가족과 함께 건강한 하루의 리듬을 가꿀 수 있도록, 일상 속에서 실천할 수 있는 구체적인 방법들을 찾아보기 시작했다. 아이들은 가족에게 "저녁 시간에는 휴대폰을 손에서 내려놓자."라는 '스마트폰 제로타임' 약속을 제안했다.

"부모님이 저녁 시간에 핸드폰으로 뉴스 보는 걸 멈췄어요."

"가족 모두가 서로 얼굴을 보고 이야기하니까 더 좋아요."

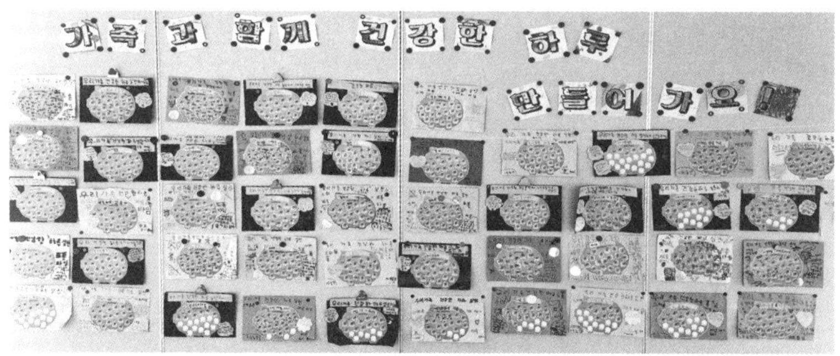

1학년 가족 전체가 참여한 '스마트폰 제로타임' 활동

건강한 '하루 리듬체조' 만들기 활동

"저녁에 아빠랑 함께 산책도 하고, 보드게임도 하니 하루가 더 행복해요."

가족의 저녁 시간은 어느새 따뜻한 대화와 웃음이 오가는 회복의 시간이 되었다.

또 아이들은 하루의 흐름에 맞춰 몸과 마음을 움직이는 '하루 리듬체조'를 만들었다.

'아침에는 기지개 스트레칭으로 활기차게', '점심에는 나른함 날려 보내기', '저녁에는 손끝, 발끝 돌리며 긴장 풀기' 등 아이들이 자유롭게 만든 동작들이 이어져 하나의 체조가 완성되었고, 학부모 공개수업을 통해 가족들과도 공유했다. 부모님이 체조 동작을 따라 하는 모습을 본 아이들은 자신이 만든 리듬이 우리 모두의 하루를 바꾸는 긍정의 힘으로 확장되는 경험을 했다.

이 모든 과정은 목표를 세우는 활동이 아니었다. 그것은 자신의 하루를 직접 설계하고, 가족과 함께 리듬을 만들어 가는 삶의 연습이었다. 아이들은 하루가 '그냥 흘러가는 일상'이 아니라 '내가 만들어 가는 삶의 구조'라는 사실을 깨달았다.

"오늘 하루를 잘 보냈으니 내일은 더 나은 내가 될 거다."

이번 탐구 여정의 마지막에 아이들과 함께 외친 이 한 문장은 자기 삶을 주도적으로 살아가겠다는 작은 선언이었다.

Chapter 11

모든 것이 연결된 세상
- 지구와 함께 자라는 아이

지구의 신호를 듣는 아이들

지구 선생님, 어디가 아프세요? : 문제를 발견하고 해결책 찾기

3월부터 틈날 때마다 지구와 자연을 주제로 한 그림책을 아이들과 함께 읽었다. 교실 한편에 교실 속 작은 도서관을 마련해 아이들이 스스로 환경 관련 책을 꺼내 읽으며 자연에 대해 궁금해하고, 그 소중함을 느낄 수 있도록 했다. 가을이 깊어 갈 무렵, 아이들의 눈빛이 달라졌다. 봄부터 함께 읽어 온 환경 그림책들이 단순한 이야기에서 아이들의 일상과 맞닿은 질문으로 변했기 때문이다.

"선생님, 바다에 진짜 쓰레기 섬이 있어요?"

"북극곰, 레서판다, 혹등고래가 줄어드는 게 우리 때문이에요?"

아이들 손길이 머물렀던 교실 한편과 칠판 가득 펼쳐진 환경 그림책들

"지구가 감기에 걸렸다는 데 나을 수 있어요?"

그림책 속 장면들은 비가 와서 도로가 잠겼던 날, 하천에 쓰레기가 유난히 많이 떠 있던 날의 기억, 집 안에 쌓인 플라스틱 쓰레기와 자연스럽게 이어졌다.

"우리 동네 하천이 깨끗하면 물고기를 볼 수 있을 텐데요."

"우리 집도 플라스틱이 너무 많이 나와요."

"지구가 아픈데, 우리가 쓰레기만 줄이면 될까요?"

이 질문은 단순한 호기심이 아니라 세상 속 자신의 역할을 생각하는 탐구의 출발점이 되는 신호였다. 이제 아이들과 지구의 신호를 듣고, 문제를 발견하며 작은 실천으로 변화를 만들어 갈 준비가 되었다.

날씨가 부쩍 차가워지고 바깥 놀이가 줄어들면서 아이들은 창문 바라보는 시간이 늘었다. 유리창 너머로 바람이 부는 모습을 보던 아이들이 물었다.

"선생님, 왜 요즘에는 가을, 겨울에도 비가 자주 와요?"

"여름에는 너무 더워서 에어컨을 계속 켰는데, 이제는 따뜻한 바람을 틀어야 하잖아요. 자꾸 바뀌니까 지구도 참 헷갈리겠다."

"우리가 교실을 비울 때마다 꼭 불을 끄기로 약속했잖아요. 만약 불을 안 끄면 지구는 얼마나 힘들어져요?"

"쓰레기가 점점 많아지면 바다가 쓰레기로 덮이는 거예요?"

아이들이 자발적으로 이런 질문들을 꺼내기 시작하면서 우리는 교실 안에서 '궁금해 궁금해' 시간을 만들었다. 누구든 환경과 자연에 대한 궁금증이 생기면 "궁금해 궁금해!"를 외치고 친구들과 질문을 나누는 놀이 방식이다. 이 외침이 들리면 하던 일을 멈추고 모두가 귀를 기울였다. 아이들이 모은 질문들은 자연스럽게 '날씨의 변화', '쓰레기의 문제', '에너지의 낭비' 그리고 '멸종위기 동물'이라는 4가지 주제로 정리되었다.

"지구가 보내는 SOS에요. SOS!"

한 친구의 짧은 말이 교실 분위기를 바꿔 놓았다. 우리는 각자의 궁금증을 모아 깊이 있는 '탐구 질문'으로 발전시켜 나갔다.

"왜 플라스틱은 사라지지 않을까?"

"전기를 적게 쓰면 지구가 덜 아플까?"

"쓰레기가 바다로 가면 그곳에 사는 동물들은 어떻게 될까?"

이 질문들은 단순한 호기심이 아니라 지구에 대한 공감과 책임감이 담긴 탐구의 출발점이었다.

교사 성찰

아이들의 궁금증은 교사가 준비한 질문보다 더 솔직하다. '가르치는 환경 교육'이 아니라 '듣는 환경 교육'으로의 전환이 필요한 이유를 다시 느낄 수 있었다. 아이들은 지구의 문제를 교과서나 영상보다 자신의 일상 속 경험에서 발견한 불편함과 이상함에서 더 진지하게 이해한다. "왜 이럴까?"라는 질문이 쌓일 때 교사의 역할은 그 질문을 놓치지 않고 함께 탐구의 길로 옮겨 가는 안내자가 되면 된다.

지구의 병을 진단하는 탐정단

아이들은 지구의 아픈 곳을 찾아 나서는 '지구 병원 탐정단'이 되었다. 우리 주변의 작은 행동이 지구에 어떤 영향을 주는지 관찰하고 진단해 보는 동안 아이들에게는 '탐정단'다운 진지함이 있었다.

물 문제를 탐구하며 "우리가 수도꼭지를 잠그면 어떤 일이 생길까?"라는 질문으로 대화를 시작했다. 아이들은 물이 사람과 다른 생명에게 주는 의미를 생각하며 '생존'과 '가뭄'이라는 개념을 자연스럽게 이해했다.

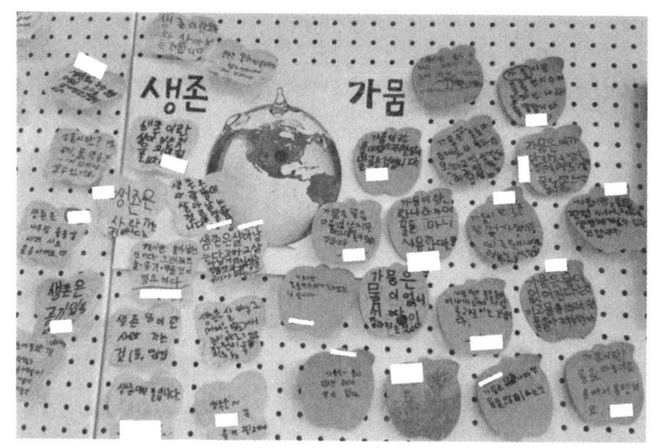

나만의 언어로 정의하며 개념의 핵심에 다가가는 방법을 배우는 활동

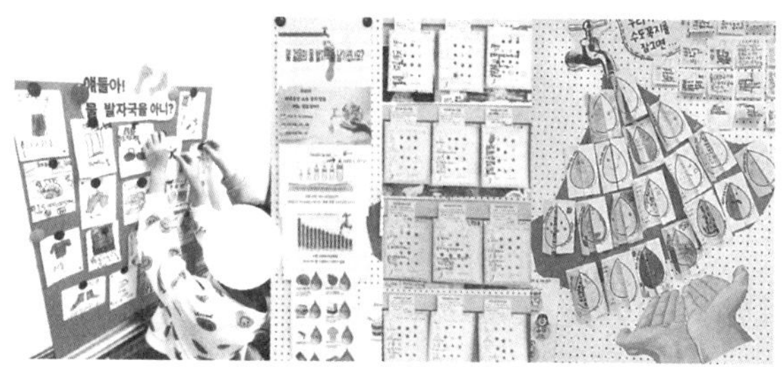

작은 약속의 힘을 믿는 '물 절약 다짐 카드' 활동

"물이 없으면 식물도 동물도 사람도 모두 살 수 없어요."

"텔레비전에서 물이 없는 나라 사람들이 먼 곳까지 물을 길러 다니는 것을 봤어요."

그림과 사진 자료를 통해 '물 발자국' 개념도 탐색했다. 우리가 먹는 음식, 입는 옷, 사용하는 물건들이 만들어지기까지 얼마나 많은 물이 필요한지 알아보는 의미 있는 시간이었다.

"내가 좋아하는 햄버거를 만드는 데 물이 이렇게 많이 필요하다니…."

"우리가 물을 아끼면 물이 부족한 다른 나라 사람들에게도 도움이 되는 거네요."

아이들은 각자 할 수 있는 작은 약속을 정해 '물 절약 다짐 카드'를 작성했다. '양치할 때 컵에 물 받아 쓰기', '손 씻을 때 물 틀어 놓지 않기', '목욕보다 샤워하기' 등 구체적인 약속이 빼곡히 적히고, 손을 씻을 때 수도꼭지를 잠그는 실천부터 이어 갔다. 커다란 변화를 일으키는 힘이 바로 작은 약속의 실천에서 시작된다는 것을 알게 된 시간이었다.

다음 탐정 임무는 급식실에서 매일 마주하는 음식물 쓰레기 문제였다. "우리가 음식을 남기지 않으면 어떤 좋은 일이 생길까?"라는 질문으로 시작된 대화는 급식 시간으로 자연스럽게 이어졌다. 아이들은 '빈그릇 인증샷' 활동을 제안하며 '먹는 양을 스스로 조절

서로의 응원 속에 꾸준히 실천하는 '빈그릇 인증샷' 활동

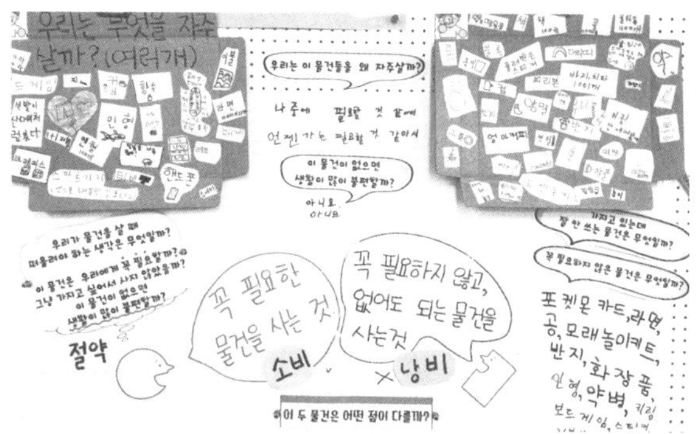

소비와 낭비를 탐색하고 환경을 보호하는 첫걸음인 '절약'의 의미를 시각화한 활동

프레이어 모델(Frayer Model)로 정립하는 '바람직한 소비' 활동

하는 것'이 또 하나의 환경 실천임을 경험했다.

"처음에는 다 먹기 힘들었는데, 친구들과 함께하니 재미있어요."

"음식물 쓰레기가 줄면 물발자국, 탄소발자국이 줄어든대요."

기특한 인식이 하나둘 피어났다.

탐정단의 마지막 활동은 '생활 속 낭비 돋보기'였다. 아이들은 학교와 집에서의 일상 속 낭비들을 발견했다. '사용하지 않는데 꽂아 둔 전기 코드', '너무 많은 옷과 학용품', '가득 찬 장난감 상자' 등이 지구에 부담을 준다는 것을 깨닫게 되었다.

"지구가 힘들어하는 이유가 있었네요."

교사 성찰

처음에는 1학년 아이들과 환경 문제를 다루는 것이 너무 무겁고 복잡하지 않을까 걱정했다. 하지만 아이들은 어른보다 더 솔직하고 순수한 시선으로 문제를 바라보았다. 아이들은 '왜'라는 질문을 두려워하지 않는다.

"왜 지구를 아프게 할까요?"

"왜 쓰레기를 줄이지 못하나요?"

"왜 모두가 함께 노력하지 않나요?"

교사로서 중요한 것은 막연한 두려움과 무거운 책임감을 아이들에게 지우는 것이 아니라 지구와 자연에 대한 관심과 애정을 키우는 것이다. 지구의 병을 고치는 방법을 가르치기보다 '지구와 나는 이어져 있어.'라는 관계의 발견과 공감의 힘을 심어 주는 것이 더 중요했다. 지구를 사랑하는 마음이 먼저 자라야 행동할 의지도 생길 테니까….

그래서 탐구를 할 때 '문제'와 '위기'보다 함께 살아가는 존재로서의 '관계'와 '연결'에 초점을 맞추었다.

모든 것은 연결되어 있다

나비의 날갯짓 : 우리 생활의 변화

아이들과 함께 "우리가 버린 쓰레기는 어디로 갈까?"라는 질문으로 탐구를 이어 갔다. 평범한 하루의 장면들을 떠올리며 아이들은 곧 탐정처럼 추적을 시작했다.

"눈앞에서 사라진 쓰레기가 정말 없어지는 걸까?"

'쓰레기가 여행을 간다면?'이라는 주제로 시작된 활동에서 바다를 뒤덮은 쓰레기 더미를 보며 아이들은 말을 잇지 못했다.

"저는 분리수거하면 그냥 사라지는 줄 알았어요."

"플라스틱이 바다까지 간다는 게 믿기지 않아요."

"땅에 묻힌 쓰레기도 너무 오래 남아 있는데요."

쓰레기봉투 속 하얀 컵 하나, 플라스틱 빨대 하나가 결국 바다거북에게 남기는 흔적을 시각적으로 이해하며 하나의 행동이 또 다른 결과로 이어진다는 '연결의 법칙'을 알아 가는 과정이었다.

그림책 『할머니의 용궁 여행』은 아이들의 생각을 확장시켰다. 아이들은 바닷속으로 내려간 할머니가 쓰레기로 뒤덮인 용궁을 보고 놀라는 장면에서 깊이 공감했다.

"물고기들이 비닐봉지를 먹이인 줄 알고 먹었대요. 너무 불쌍해요."

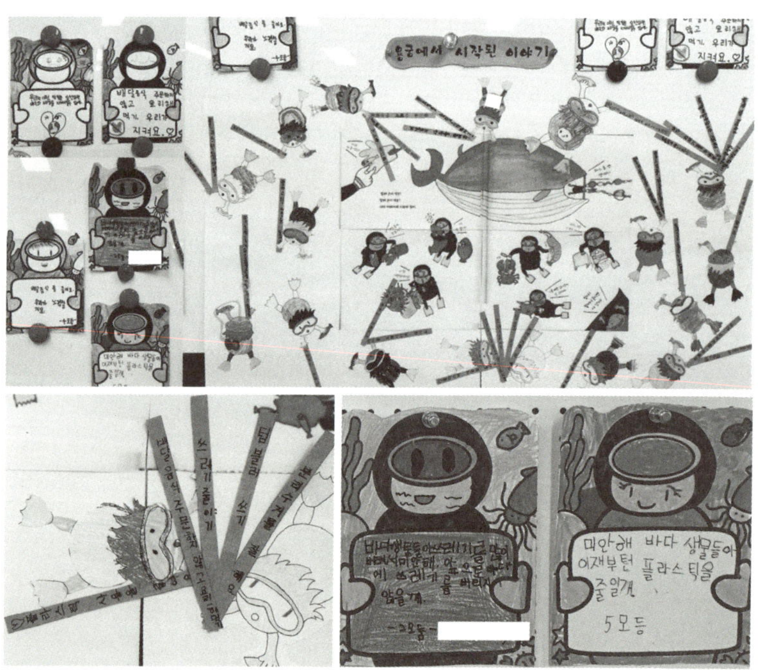

바다 깊숙한 보이지 않는 곳의 환경까지 살피는 '용궁에서 시작된 이야기' 활동

"저도 바닷가에서 쓰레기가 모여 있는 걸 봤어요. 할머니가 다 꺼내 놓은 건 아니겠죠?"

그림책 속 장면을 자신의 생활과 연결하며 아이들은 자신이 만든 쓰레기가 지구의 문제로 이어진다는 사실을 깨달았다. 플라스틱이 몸에 감긴 바다거북, 기름에 젖어 날지 못하는 새, 그물에 걸린 돌고래….

이후 아이들은 집과 학교에서 모은 재활용품과 일반 쓰레기로 '쓰레기로 오염된 바다 모형'을 직접 만들었다. 푸른 바다 위에 버려진 플라스틱 병, 비닐, 빨대, 포장재들이 잔뜩 올라가 있었다. 이를 보며 아이들은 바다생물이 지나갈 수조차 없는 바다 상황을 안타까

쓰레기로 오염된 바다 모형을 직접 만드는 아이들

워했다.

"거북이 목에 비닐이 감겨서 숨을 못 쉬겠어요."

"고래가 쓰레기에 걸려서 헤엄을 못 쳐요."

작은 모형을 만들어 보는 일은 그 어떤 설명보다 강한 체험이었다. 교실에 전시된 모형을 보며 모둠별 토의 시간도 가졌다.

"그래서 우리는 뭘 해야 하지?"

"하루에 쓰레기를 한 개라도 줄여 보자."

"이제는 물건을 살 때 더 고민하고 꼭 필요한 것만 사야겠어."

아이들은 자연스럽게 '내가 하는 행동과 지구가 이어져 있다.'는 연결의 법칙을 생활 속 언어로 풀어냈다.

교사 성찰

이 활동에서 아이들은 '환경'이라는 주제를 머리가 아니라 눈과 손, 마음으로 배웠다. 또 '발자국을 남긴다.'는 개념을 실제로 체감했다. 특히 그림책이 보여 준 상징적 이미지와 모형 활동은 아이들의 경험을 강화시켰다. 가르침보다 실감이 앞설 때 깨달음은 오래 남는다.

아이들에게 지구 환경은 '문제'가 아니라 '관계'여야 한다. 그 깨달음이 바로 나비의 작은 날갯짓을 만들어 내 아이들 마음속의 거대한 바람이 되어야 한다. 작은 선택 하나, 즉 포장 하나, 전등 하나, 쓰레기 하나가 세상을 바꿀 수 있다.

아이들과 함께 '나의 하루'가 지구에 어떤 영향을 주는지 돌아봤다. 그림책 『미세미세한 맛 플라수프』를 읽으며 우리가 낭비하고 쉽게 버리는 것들이 어떻게 순환하는지 '순환의 개념'을 이해했다.

"플라스틱이 아주 작게 부서져서 물고기 뱃속에 들어가고, 그 물고기를 우리가 먹는다니…."

"모든 것이 돌고 돌아 우리에게 다시 온다는 말이 무슨 뜻인지 알겠어요."

작은 스티커 조각으로 환경 포스터도 만들었다. 아이들은 '플라스틱, 다시 돌아온다.', '장난감보다 몸으로 놀기', '지구를 아껴요.', '버리지 말아요, 다시 쓸 수 있어요.' 등의 메시지를 담은 포스터를 만들어 학교 곳곳에 붙였다. 자신의 생각이 다른 사람에게 전해질 수 있다는 것은 아이들에게 또 하나의 배움이었다.

다음으로 이어진 탐구는 기후 변화로 사라질 위기에 처한 섬나라 투발루였다. 해수면 상승으로 위협받는 투발루 사람들의 이야기를 들으며, 아이들은 우리가 만들어 낸 환경 문제가 다른 지역 사람

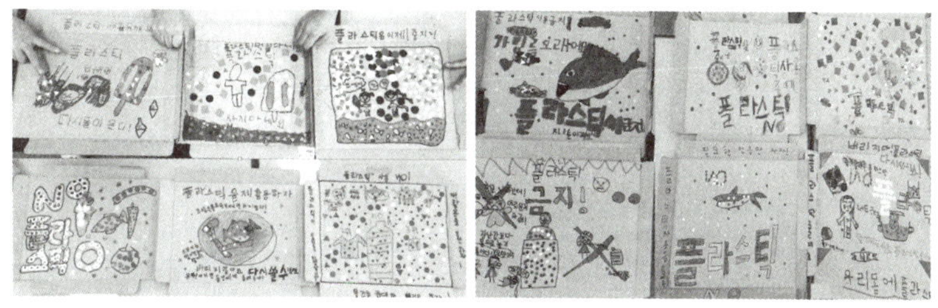

그림책 『미세미세한 맛 플라수프』를 읽고 아이들이 직접 제작한 환경 포스터

들의 삶과도 연결되어 있다는 것을 배웠다.

"비가 많이 오면 우리 동네도 물에 잠길 수 있을까요?"

"투발루 사람들은 왜 다른 나라로 이사를 가야 해요?"

"우리가 지구 환경을 지키면 투발루도 도울 수 있을까요?"

'투발루 짐 챙기기 놀이'를 통해 갑자기 집을 떠나야 하는 상황을 간접 체험해 보았다. 꼭 필요한 물건만 선택해야 하는 활동을 통해 환경 난민의 어려움에 공감했다.

"정말 중요한 것만 가져갈 수 있다면 무엇을 선택할까?"

"집을 떠나서 어디론가 가야 한다면 슬플 것 같아요."

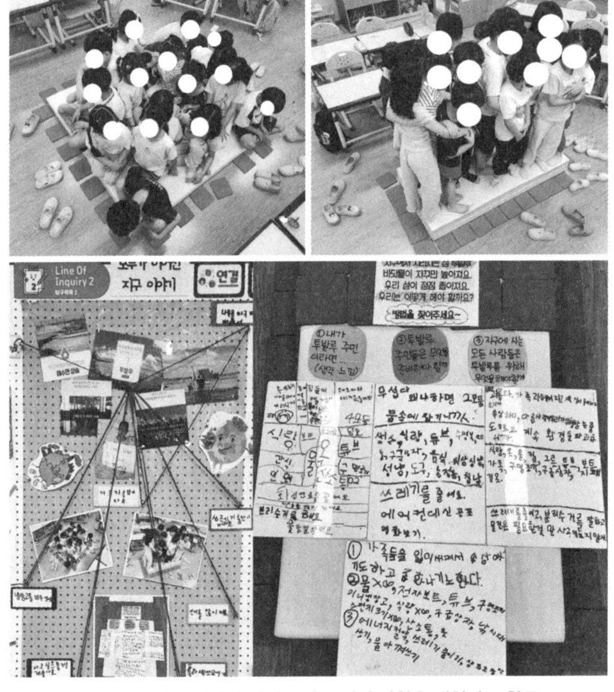

해수면 상승으로 사라질 위기에 처한 투발루 섬의 상황을 체험하는 활동

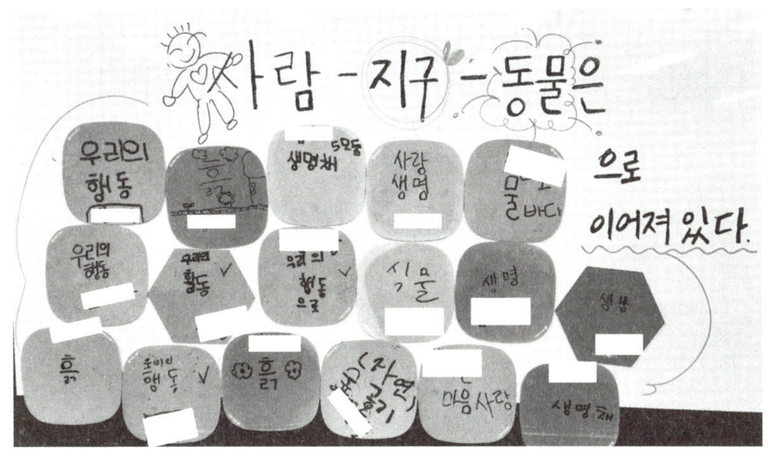

지구 공동체의 일원으로 책임감 있는 삶을 살겠다고 다짐하는 아이들의 선언

아이들은 활동을 마무리하며 환경 메시지 '사람-지구-동물은 □□으로 이어져 있다.'라는 문장을 완성하며, 자신이 느낀 연결의 단어를 적었다.

교사 성찰

'연결'이라는 추상적인 개념을 1학년 아이들이 이해할 수 있을까 걱정했지만, 아이들은 더 직관적으로 세상의 관계를 받아들였다. 어른들은 종종 세상을 분절된 조각으로 바라보지만 아이들에게 세상은 아직 하나로 연결된 온전한 전체다.

특히 투발루 사례를 통해 환경 문제의 구체적 영향을 배우는 과정에서 아이들의 공감 능력이 돋보였다. "우리가 전기를 낭비하면 투발루 아이들이 집을 떠나야 하는 거죠?"라는 질문은 먼 나라의 현실도 자신의 문제로 받아들이는 마음을 보여 주었다.

환경 교육에서 가장 중요한 것은 지식을 전달하는 것이 아니라 세상과 내가 긴밀히 연결되어 있음을 몸으로 느끼게 하는 경험이다. 아이들의 순수한 공감과 연민은 환경 실천의 가장 강력한 동기가 된다. 이들의 깨달음이 자라나 더 큰 관심과 행동으로 이어질 것을 믿는다.

작은 실천이 만드는 변화

지구를 위해 내가 할 수 있는 일 찾기

이제 탐구는 '실천'의 단계로 나아간다. 아이들은 지구의 아픔을 알고 나서 지구를 위해 할 수 있는 작지만 지속가능한 실천 아이디어를 나누기 시작했다. 포장 용기를 줄이는 방법부터 시작했다. 교

환경 문제에 대해 아이들이 구체적으로 제시한 대안들

실에서 발생하는 일회용품, 집에서 사용하는 비닐봉지, 과자 포장지 등 너무 쉽게 버려지는 것들이 이야깃거리가 되었다.

"우리 집은 장을 볼 때 장바구니를 꼭 들고 가. 비닐봉지를 안 써도 돼."

"학교 다닐 때처럼 물병을 가지고 다니면 페트병을 줄일 수 있어."

"포장이 많은 배달을 줄여야 할 텐데…."

아이들의 제안은 스스로의 생활에서 출발한 구체적인 해결책이었다.

이어서 진행한 멸종위기 동물 '글자 그림' 그리기 활동에서는 지구 환경 지키기의 의미를 감성적으로 확장했다. 아이들은 북극곰, 판다, 호랑이, 코알라 등 멸종위기에 처한 동물들의 모습을 글자로 표현하며, 동물을 지키기 위한 실천 다짐을 적었다.

멸종위기 동물 '글자 그림' 캠페인 활동

학교 복도에 전시된 아이들의 글자 그림은 작은 환경 캠페인 전시회가 되어 다른 친구들과 선생님들에게도 지구를 지키고 싶은 마음을 불러일으켰다.

아이들은 거창한 캠페인보다 한 사람의 작은 변화가 모이면 지구를 살리는 큰 힘이 된다는 사실을 깨달았다.

우리 반 지구 병원 프로젝트

아이들은 이제 '탐구자'에서 '실천가'로 한 걸음 나아갔다. 지구의 아픈 곳을 고치기 위한 '우리 반 지구 병원 프로젝트'가 시작되었다. 그림책 『지구가 감기에 걸렸어요』를 함께 읽으며 지구의 아픈 증상을 자신의 생활 경험과 연결해 보았다.

'우리 반 지구 병원 프로젝트' 활동

"지구가 열이 나는 건 점점 더워지는 날씨를 보면 돼."

"지구가 기침하는 건 지진이나 화산폭발이겠다."

"지구가 콧물 흘리는 건 녹는 빙하 같아."

아이들은 각자 생각한 처방을 적었다.

"이 약을 먹으면 플라스틱이 분해돼서 땅이 깨끗해집니다."

"이 약을 먹으면 배가 아프지 않고 기침도 멈춥니다."

"이 약을 먹으면 물과 공기가 깨끗해집니다.

아이들은 우리의 처방전을 보며 '지구의 의사'로서의 역할을 지속적으로 다짐했다.

첫 번째 실천 처방은 '용기 내 챌린지'였다. 일회용 용기 대신 개인 용기를 사용하는 이 캠페인에 아이들은 큰 관심을 보였다.

"개인 용기를 들고 다니는 게 조금 귀찮은데, 한 번 해 보니 할 수 있어요."

도전과 응원이 선순환을 이루는 '용기내 챌린지' 현장

"우리 가족 모두가 함께 도전 중인데 저는 개인 물통, 엄마는 장바구니, 아빠는 텀블러를 꼭 챙겨요."

실천 후 서로의 경험을 나누자 한 사람의 노력이 다른 사람의 습관으로 계속해서 번지는 변화의 연결고리가 생겼다.

두 번째 실천 처방을 위해 우리는 환경 운동가 그레타 툰베리에 대한 이야기를 나누었다. 도서관에서 관련 도서들을 찾아 읽고 아이들도 각자 환경 운동가가 되어 목소리를 내 보기로 했다.

'내가 환경 운동가라면…'이라는 주제로 각자 지구를 위한 실천 행동을 글로 쓰고 '나도 툰베리' 연설을 준비했다. 서툰 목소리였지만 그 안에는 진심이 담겨 있었다.

우리가 세상을 바꾸는 목소리, '나도 툰베리' 환경 연설 활동

"쓰레기를 함부로 버리지 않아야 합니다."

"동물들이 행복하게 살 수 있도록 숲을 지켜야 합니다."

"우리 모두가 일회용품을 줄여야 할 때입니다."

"작은 실천이 모이면 지구를 구할 수 있어요."

세 번째 실천 처방으로 '지구를 위한 착한 소비 알뜰시장'이 우리 교실에서 열렸다. 가정에서 더 이상 사용하지 않지만 다른 친구에

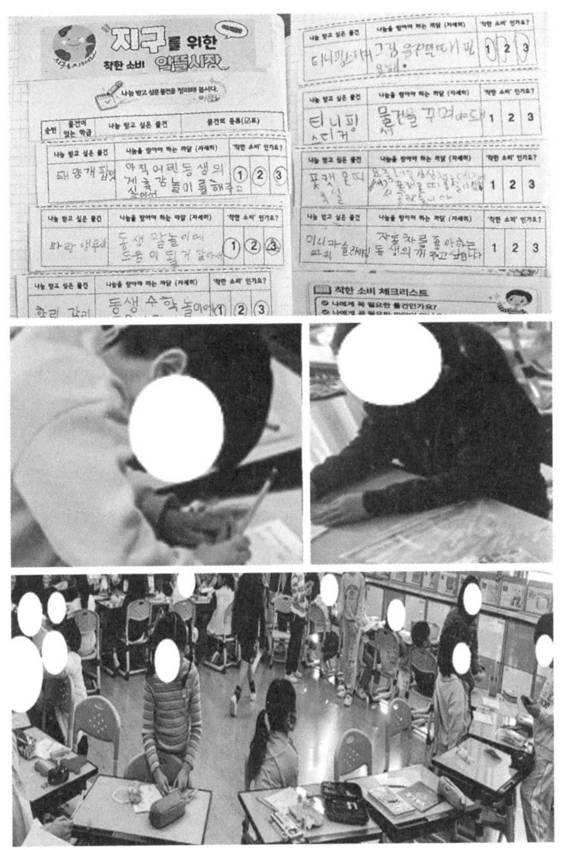

바람직한 소비의 기준을 실천으로 옮긴 '지구를 위한 착한 소비 알뜰시장'

230

게 유용할 수 있는 물건들을 모아 '아나바다(아껴 쓰고, 나눠 쓰고, 바꿔 쓰고, 다시 쓰기)'의 의미를 직접 실천했다.

단순히 쿠폰(모형 돈)을 이용해 물건을 사고파는 놀이에 그치지 않고, 나에게 이 물건이 꼭 필요한 까닭을 정성껏 적어, 나눔을 받으며 소중히 다시 쓰기를 다짐했다. 이 과정을 통해 아이들은 진정한 자원 순환의 의미를 몸소 익혔다.

"내가 다 읽은 책이 친구에게 읽고 싶은 책이 됐어요."

"장난감을 바꿔 쓰니 서로 놀이 방법도 배우고 재미있어요."

아이들은 물건이 '끝'이 아닌 '다른 사람에게 이어질 수 있는 시작'이라는 사실을 느꼈다.

이번 프로젝트를 통해 아이들은 '환경보호'를 거창한 일이 아닌 생활 속 작은 선택의 연속으로 받아들였다. 무엇보다 '나 하나쯤이야.'가 아니라 '나부터 할래요.'로 바뀌는 변화가 가장 큰 성과였다. 아이들의 작지만 진심 어린 실천은 지구의 병을 고치는 가장 따뜻한 처방전이었다.

지구를 위한 편지 보내기

지구 탐구의 여정은 '지구를 위한 편지 보내기'로 마무리되었다. 아이들은 지구에게 말하고 싶은 이야기와 약속을 다양한 방법으로 표현했다. 아이들은 멸종위기 동물이 되어 친구들의 질문에 답하며 인터뷰에 참여했다.

멸종위기 동물 인터뷰 활동

“나는 북극곰이야. 지구가 너무 뜨거워지면 우리는 살 곳이 없어. 우리를 제발 지켜 줄래?”

“저는 바다거북이에요. 사람들이 버린 비닐봉지를 해파리로 착각해서 먹었어요. 쓰레기를 줄여 주세요.”

“저는 수달이에요. 강이 더러워져서 이제는 먹이를 찾기 힘들어요.”

아이들의 인터뷰는 역할극 이상이었다. 동물의 입장에서 환경 문제를 바라보는 깊은 공감과, 지구를 위한 성찰과 다짐을 표현하는 시간이 되었다.

이후 아이들은 모둠으로 모여 ‘멸종위기 동물 보호단체’를 만들

'멸종위기 동물 보호단체' 기자회견 활동

었다. 단체의 이름, 구호, 로고를 정하고 실제 환경 단체처럼 기자회
견을 열었다.

"우리는 '동물 지킴이'예요. 아홀로틀과 사막여우를 지킬 수 있어
서 행복하고 자랑스러워요."

"우리는 '빛나는 우리 동물'이에요. 치타와 레서판다가 살 수 있
는 숲을 보호할 거예요."

아이들의 선언은 단순하지만, 그 안에는 지구를 돌보려는 진심
과 용기가 있었다.

교사 성찰

긴 여정의 탐구가 끝났을 때 가장 크게 느낀 것은 아이들의 '시각
의 변화'였다. 처음에는 "쓰레기를 버리면 안돼요.", "전기를 아껴
써야 해요."라는 단순한 인식으로 시작했지만, 탐구를 마친 뒤에

233

는 "우리의 행동이 지구의 건강과 연결되어 있어요.", "멀리 있는 사람들과 동물들에게도 영향을 줘요."라고 말하며 깊은 이해로 발전했다.

특히 인상 깊었던 점은 아이들이 환경 문제를 두려움이나 불안이 아닌 사랑과 책임감으로 대했다는 점이다. 환경 교육이 사람이기 때문에 가져야 하는 죄책감을 느끼는 방식이 아니라 자연과의 관계를 회복하고 더 나은 세상을 위해 내가 함께 할 수 있다는 희망의 메시지로 전달되었다.

이번 탐구 여정은 교사인 나에게도 큰 배움이었다. 아이들과 함께 환경 문제를 고민하며, 나 자신도 일상 속에서 더 많은 실천을 시작하게 되었다. 교실에서의 작은 변화가 가정으로, 그리고 더 넓은 사회로 퍼져 나가는 것을 지켜보는 것은 교사로서 가장 큰 보람이다.

앞으로도 아이들이 지구와의 연결을 잊지 않고, 작은 실천을 통해 변화를 만들어 가는 주체로 성장하길 바란다. 결국 환경 교육의 목표는 아이들이 자연을 사랑하는 마음을 키우고, 더불어 살아가는 지혜를 배우는 것이 아닐까? 그런 의미에서 이번 탐구 여정은 작은 씨앗으로 아이들의 마음에 깊이 뿌리내릴 것이다.

성찰과 전환(12~2월)
: 성장의 발자국을 되짚으며 다음을 준비하다

1학년 첫 해가 저물어 간다. 9개월 전 처음 학교 문을 두드렸던 아이들에게서 이제 제법 학습자다운 모습이 보인다. 아이들은 단순히 한글을 익히고 숫자를 세는 것을 넘어, 스스로 질문하고 자신만의 방식으로 답을 찾아간다.

교사인 나 역시 처음에는 '잘 따라갈까?'라는 걱정이었다면, 이제는 '아이들이 어떤 방식으로 세상을 이해해 나갈까?'라는 더 깊은 궁금증을 품게 되었다. 2학기를 마무리하는 지금, 우리는 비로소 깨닫는다. 진정한 교육은 아이 안에 이미 있는 가능성을 발견하고 기다려 주는 일이라는 것을….

IB PYP가 추구하는 성찰의 핵심도 바로 여기에 있다. IB는 아이들에게 "너는 어떻게 배웠니?"라고 묻는다. 정답을 맞혔는지가 아니라 어떤 과정을 거쳐 그 답에 도달했는지에 관심을 둔다. 1학년 아이가 "저는 손가락으로 세어 봤어요.", "그림을 그려서 생각해 봤어요."라고 말할 때 교사는 그 과정을 인정하고 격려한다. 이것이 바로 타고르가 말한 '스스로 깨고 나올 힘'을 기르는 과정이다. 아이는 자신의 학습 방식을 스스로 발견하고, 무엇이 자신에게 효과적인지 깨달아 간다.

성찰에서 전환으로 이어지는 과정은 마치 꽃봉오리가 꽃으로 피어나는 것과 같다. IB에서 말하는 전환은 갑작스러운 변화가 아니다. 아이가 "어? 이 방법은 안 되네", "다른 방법을 써 볼까?", "아, 이렇게 하니까 되네!"라고 스스로 깨달아 가는 점진적인 과정이다.

타고르의 시처럼 우리는 이 과정을 억지로 앞당기려 해서는 안 된다. 1학년 아이가 "오늘은 조용한 곳에서 공부하니까 더 잘됐어요."라고 말한다면, 그것은 아이가 비로소 자신만의 학습 환경을 발견한 것이다.

지나온 과정을 돌이켜보면 가장 기억에 남는 배움은 누군가 가르쳐 준 것이 아니라 스스로 발견한 것들이었다. 자전거를 탈 수 있게 된 순간, 책의 글자가 갑자기 의미로 다가온 순간, 복잡해 보이던 수학 문제의 원리를 깨달은 순간들 말이다. IB PYP의 성찰과 전환이 추구하는 것도 바로 이런 '아하!' 하는 순간들이다.

아이들은 각자의 속도로, 각자의 방식으로 배움의 꽃을 피워 간다. 조급해하지 말고 아이 곁에서 따뜻하게 지켜봐 주자. 그리고 아이가 스스로 배움의 기쁨을 발견할 수 있도록 충분한 시간과 공간을 주자. 그것이 진정한 교육이고, IB가 추구하는 평생학습자를 기르는 길이다.

Chapter 12

메타인지의 시작
- 1학년도 할 수 있는 자기 성찰

1

내 마음을 바라보는 힘

철수 : 엄마, 오늘 민수랑 또 싸웠어요. 그냥 화가 나서 소리쳤어요.

엄마 : 그래? 또 싸웠어? 왜 계속 그렇게 싸우는지 모르겠네. 넌 맨날 화부터 내잖아.

철수 : (작게) 그냥 짜증 났으니까….

엄마 : 짜증 났다고 싸우면 다 해결돼? 네가 좀 참아야지. 민수가 무슨 잘못을 그렇게 크게 했다고 그래?

철수 : 몰라요.

엄마 : 글쎄, 엄마는 이해가 안 돼. 너랑 얘기할 때마다 점점 답답해.

철수와 엄마 모두 자신이나 상대방의 감정과 행동의 원인을 충분히 돌아보지 않았다. 철수는 왜 화가 났는지, 자신의 행동이 친구와의 관계에 어떤 영향을 미쳤는지 고민하지 않았고, 엄마 역시 철수의 마음이나 민수와의 상황을 이해하려 하지 않고 지적하는 데 그쳤다. 서로의 입장이나 감정, 그리고 다툼이 일어난 배경을 한 번 더 생각해 보는 과정, 즉 메타인지가 작동하지 않으면서 오해와 답답함이 쌓이고 대화는 쉽게 막혀 버렸다.

초등학교 1학년 교실에서는 아이들이 하루하루 성장을 경험한다. 예를 들어 "선생님, 저는 오늘 수학 시간에 손을 많이 들었어요. 그런데 어떤 문제는 너무 어려워서 머릿속이 복잡했어요."라고 말하는 아이가 있다. 선생님은 "그랬구나. 그때는 무슨 생각이 들었니?"라고 묻는다. 아이는 "내가 이걸 왜 모르지? 그래서 더 열심히 들어야겠다고 생각했어요."라고 대답한다.

이처럼 아이가 자신의 생각을 곱씹으며, 오늘 있었던 일을 자연스럽게 떠올리는 과정이 바로 메타인지의 시작이다. 자신의 마음을 보고, 생각을 돌아보는 힘. 이것이 1학년이 처음 키워 나가는 성장의 첫 걸음이다. 바일린(Bailin, 2002)은 이와 같은 메타인지적 경험이 학습자가 자신의 이해와 학습 전략을 점검하고 조절하는 능력임을 강조했다.

메타인지는 자신이 무엇을 알고 있고, 무엇을 잘 모르는지, 그리고 지금 무엇을 어떻게 하고 있는지 스스로 알아차리고 돌아보는 능력이다. '생각하는 나 자신을 다시 한 번 생각해 보는 것'이 바로 메타인지이다. 초등학교 1학년 어린이도 "내가 지금 잘하고 있나?",

"여기에서 실수한 건 아닐까?"처럼 스스로를 돌아보고, 내 마음과 행동을 점검하는 것에서부터 메타인지는 시작된다.

IB에서는 'Reflective(성찰하는 사람)'를 10가지 인간상 중 하나로 정하고, 저학년 어린이도 스스로의 마음을 바라보는 힘을 키울 수 있도록 다양한 교육을 펼친다. 존 듀이(John Dewey, 1933) 또한 "무엇을, 왜, 어떻게 배웠는가? 스스로 돌아보는 사고 과정 자체가 참다운 배움이다."라고 강조했다. 일상의 작은 경험 하나가 의미 있는 성찰로 이어지는 순간 아이는 한층 더 자란다.

배움 너머의 성찰 : 감정과 경험을 어루만지다

어린 시절 김연아 선수는 훈련을 마친 뒤, 자신이 연습한 내용과 느꼈던 점을 일기장에 꼼꼼하게 기록하곤 했다. 오늘 어떤 동작이 잘 되었는지, 어떤 점이 힘들었는지 하나하나 적으면서 자신의 실수나 아쉬운 부분도 솔직하게 돌아보았다. 그리고 '다음에는 이 부분을 어떻게 연습할까?', '오늘 집중이 잘된 이유는 무엇이었지?'와 같이 자기 상태와 행동을 스스로 점검하고 계획을 세웠다. 김연아 선수의 이런 습관은 단순한 일기 쓰기를 넘어서 어릴 때부터 메타인지를 자연스럽게 실천한 대표적인 예라고 할 수 있다.

'오늘 나는 무엇을 배웠는가?'나 '나는 무엇이 잘 되었고, 무엇을 더 해 보고 싶은가?'와 같은 질문은 1학년 아이도 쉽게 받아들일 수 있다. 비고츠키(Vygotsky, 1978)의 '근접발달영역' 이론 역시 아이가 한 단계 더 성장하기 위해서는 자신의 어려움과 변화의 순간을 스스로 인식하는 메타인지가 중요하다고 강조한다.

교실에서는 "유진아, 오늘 읽은 책에서 가장 생각나는 게 뭐였어?"라고 묻고, 유진이는 "토끼가 길을 잃어버려서 무서웠어요.", "저는 엄마와 떨어지지 않으려고 했을 거예요."라고 자신의 느낌을 표현한다. 선생님은 "네 생각과 마음을 잘 돌아봤구나."라고 아이의 감정을 인정해 준다.

이처럼 아이는 단순히 지식을 외우는 데 그치지 않고, 자기 감정과 경험, 생각을 스스로 확인하고 소중하게 여기는 연습을 한다. 이러한 작은 성찰이 쌓이면 아이는 점점 더 자신의 마음에 귀 기울이는 힘을 키운다.

메타인지가
행동으로 이어지다

아이들은 단순히 교실에서 배우는 것만으로 성장하지 않는다. 진짜 성장은 자신이 하는 생각과 느끼는 감정, 그리고 그에 따른 행동을 스스로 한 번 더 들여다보는 데서 시작된다. 예를 들어 "내가 왜 이렇게 행동했지?", "내가 한 행동이 나와 친구들에게 어떤 영향을 줬을까?", "앞으로는 어떻게 할 수 있을까?" 같은 물음을 자연스럽게 자신에게 던질 때 아이들은 자신을 더 잘 이해하고 바꿀 힘을 차곡차곡 쌓게 된다. 이 과정이 바로 메타인지의 힘이다.

1학년 아이들이 '함께 어울려 살아가기' UOI 중 액션을 시작했을 때가 바로 그랬다. '복도에서 뛰지 않기', '조용히 걷기', '친구와 부딪히지 않기'처럼 모두를 위한 약속을 스스로 만들고, 학교 곳곳에 붙일 포스터를 그리고, 역할극을 준비했다. 그 과정에서 아이들은 단순히 규칙만 외우지 않았다. "왜 이런 약속이 필요하지?", "나도 약속을 못 지킨 적이 있었나?", "다음에 이런 상황이 오면 어떻게 해야 할까?" 같은 질문을 자연스럽게 자신에게 던졌다. 자기의 행동을 생각하고, 친구의 입장도 떠올리며, 약속의 의미를 스스로 발견해 나갔다.

이런 경험 속에서 아이들은 약속의 의미를 단순히 '지켜야 하는 것'이 아니라 '함께 잘 지내기 위한 우리 모두의 배려'로 받아들인다. 한 아이가 "저는 어제 약속을 지키지 못했어요. 장난치다가 복도에서 넘어질 뻔해서 속상했어요."라고 솔직하게 고백했다. 그 이야기를 들은 선생님은 "네 마음을 돌아보고 이야기해 줘서 고마워. 다음 번에는 어떻게 하고 싶니?"라고 차분히 물었다. 아이는 잠시 생각한 끝에 "다음에는 천천히 걸으려고 해요."라고 스스로 다짐했다.

1학년 학생들이 스스로 만든 규칙

이처럼 자신의 실수와 감정을 외면하지 않고 마주 보는 태도, 그리고 그 경험에서 배워 더 좋은 행동을 하려는 노력이 바로 메타인지와 IB PYP 액션이 연결된 순간이다.

아이들은 이런 경험을 반복하면서 조금씩 성장한다. 규칙을 지키는 것이 억지로 주어진 의무가 아니라 내가 왜 그래야 하는지, 어떻게 더 잘할 수 있는지 스스로 생각하고 실천하는 과정임을 몸으로 익힌다. 그러면서 친구와의 다툼이나 아쉬웠던 순간도 더 잘 돌아볼 수 있고, 자신의 감정에 솔직하게 귀 기울이는 법도 배운다.

결국 메타인지는 자신의 마음과 행동을 들여다보는 힘이고, 액션은 그 힘을 바탕으로 내딛는 한 걸음 한 걸음이다. 생각이 행동이 되고, 행동이 다시 새로운 생각이 되는 이 순환 속에서 아이들은 오늘보다 더 단단해진 내일을 맞이한다. 교실과 복도에서 시작된 '우리들의 약속'은 단순한 규칙이 아니라 우리 모두가 함께 자라나는 성장의 이야기로 남게 된다.

이 기적 같은 변화를 오래도록 이어 가기 위해서는 어른들 역시 자신의 마음과 행동을 되돌아보고, 아이들과 함께 스스로 생각한 약속을 삶 속에서 실천하려는 노력이 필요하다.

Chapter 13

1학년에서 2학년으로 가는 다리

- 성장의 징검다리

돌아보면
성장 발자국이 보인다

365일의 발자취 : 변화와 성장을 확인하는 시간

1학년의 끝자락에 서면 아이들은 입학식 날의 떨림과 설렘이 무색할 만큼 자연스럽게 학교생활에 녹아들어 있다. 처음 만났을 때의 작고 어색했던 모습은 온데간데없고, 이제 서로를 의지하고 이해하며 배려하는 하나의 끈끈한 공동체가 되어 있다. 1년이라는 시간을 마무리하는 이 시점에서 함께 걸어온 365일의 발자취를 돌아보고, 우리가 얼마나 많이 성장하고 변화했는지 확인해 보는 의미 있는 시간을 정리해 보자.

칠판에 3월 입학식 날 찍은 학급 사진과 10월 가을소풍 때 찍은 학급 사진을 나란히 붙여 놓았다. 사진 속 아이들은 같은 얼굴이었지만 표정에서부터 무언가 달라 보였다. 자신의 모습이 재미있는지 호기심 가득한 눈으로 사진 앞에 모여들었다.

"우와, 3월에는 웃고 있는 친구가 한 명도 없네."

"나, 키 많이 큰 거 같지 않아?"

"준호랑 지현이는 안경을 안 썼는데, 지금은 안경을 써."

"소풍 때 우리 웃고 있는 사진 좀 봐. 완전 장난꾸러기들 같다."

겉모습의 변화만으로도 아이들 사이에는 다양한 이야깃거리가 있었고, 웃음과 추억이 가득했다.

"사진에는 보이지 않지만, 또 어떤 변화가 있는지 살펴볼까요?"

나는 한 걸음 더 나아가 물었다.

"처음에는 친구들에게 말 걸기 어려웠는데, 이제는 서로 이야기 많이 해요."

"예전에는 무조건 울었는데, 이제는 울지 않고 해결하면 된다고 생각해요."

"교과서 붙임딱지를 못 뜯어서 찢어뜨리거나 선생님이 도와주셨는데, 지금은 혼자서도 잘 뜯어요."

겉으로 드러나지 않던 자신 안의 성장도 발견하기 시작했다.

예전의 자신과 지금의 자신을 비교하며 '내'가 생각하는 '나'의 성장과 '우리'의 성장을 포스트잇에 적어 붙여 보았다.

'나는 공부를 더 깊이 할 수 있다.'

'3월에는 용서도 이해도 못했는데, 지금은 용서도 이해도 할 줄 안다. 화해할 줄도 안다.'

'3월에는 줄 서기가 어려웠는데, 이제는 질서를 잘 지킨다.'

'우리 반은 처음보다 서로 도와주는 일이 많아졌다.'

'이제 우리는 경청을 더 잘한다.'

'우리는 팀워크가 잘 맞는다.'

'우리는 성찰할 수 있게 되었다.'

놀랍게도 아이들은 '자신감', '협력', '함께'라는 키워드를 많이 언급했다. 이러한 공유 과정을 통해 아이들은 '혼자 성장한 존재가 아

알록달록 포스트잇에 담은 아이들의 성장 결과

닌, 학급 공동체 안에서 함께 자란 존재'임을 깨달았다.

"우리 모두 성장했네요. 성장 안 한 사람은 없어요."

아이들은 자신의 성장을 인식하는 과정에서 자존감과 성취감이라는 '보이지 않는 키'를 한 뼘 더 키웠다.

다양한 관점에서 바라보는 나의 성장 지도

성장은 여러 관점에서 바라볼 때 더 풍부하게 이해될 수 있다. 우리는 IB 학습자상을 활용하여 다양한 관점에서 성장을 바라보았다. 먼저 '원칙을 지키는 사람', '도전하는 사람', '탐구하는 사람', '배려하는 사람', '열린 마음을 지닌 사람', '사고하는 사람', '성찰하는 사람', '균형 잡힌 사람'의 개념을 우리들의 지난 발자취로 풀어냈다.

아이들은 학습자상을 자신만의 언어로 재해석했다.

"원칙을 지키는 건 기본 중에 기본이에요."

"탐구를 위해 도전하는 사람이 되어야 해요."

"열린 마음을 지닌 사람만이 배려하는 사람이 될 수 있어요."

"성찰을 하려면 사고하는 사람이 되어야 하고, 우리는 균형 잡힌 사람으로 성장해야 해서 고르게 노력해야 해요."

1년 동안의 배움이 아이들의 언어 속에 단단히 자리 잡은 순간이었다.

교실 벽면에는 오각형 모양의 큰 차트를 만들어 아이들이 분류한 학습자상의 요소를 적었다. 아이들은 요소별로 자신의 성장을

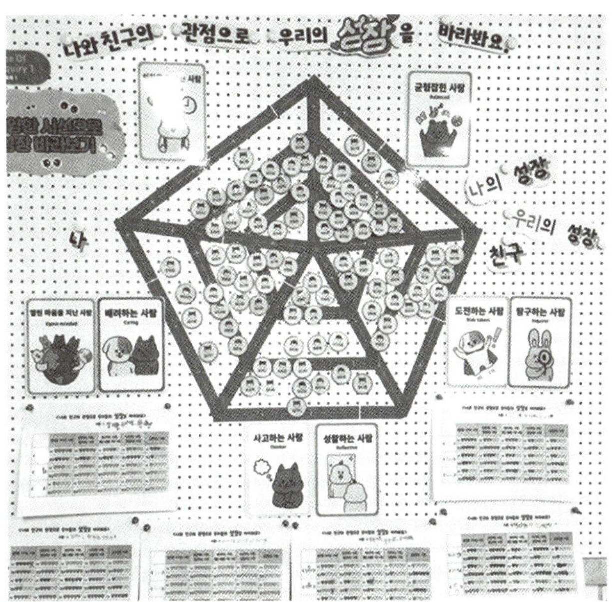

다양한 시선으로 우리의 성장 바라보기

친구들과 이야기 나누며 1점부터 5점까지 평가하고 해당 점수에 자신의 이름을 붙였다.

"나는 도전과 탐구는 많이 했지만 배려는 조금 더 노력해야 해."

"넌 '원칙을 지키는 사람'이 3점이라고 했는데, 우리는 5점이라고 생각해. 너는 규칙을 정말 잘 지키잖아."

친구들의 관점에서 바라본 나의 모습은 종종 내가 미처 알아채지 못했던 강점을 발견하게 해 준다. 친구의 시선이 아이들에게 또 다른 '성장 거울'이 되어 주는 셈이다.

더 나아가 부모님의 시선도 더했다. 3월 입학 초와 비교하여 아이가 얼마나 성장했는지 아이에게 보내는 부모님의 정성 가득한 편

251

지는 아이들에게 큰 감동과 자긍심을 안겨 주었다.

"알림장을 보고 스스로 가방을 챙기기 시작했어요."

"친구와 의견이 다를 때 차분히 이야기하려고 노력하는 모습이 자랑스러워요."

"발표할 때 자신감 있게 큰 목소리로 말할 수 있게 되었어요."

"글씨를 또박또박 쓰기 위해 노력하는 모습이 기특해요."

아이들은 부모님이 적은 글에서 자신도 몰랐던 성장의 흔적을 발견했다. '독립심', '자신감', '책임감', '배려심'이라는 키워드가 공통적으로 보였다. 이 과정에서 아이들은 자신의 성장이 학교와 가정에서 인정받고 있다는 사실에 더욱 자신감을 얻었다.

교사 성찰

성장은 눈에 보이지 않기에 종종 인식되지 못한다. 아이들과 함께 하던 매일의 일상을 마칠 즈음이 되어서야 아이들이 참 많이 컸다는 생각을 하게 된다. 3월과 지금을 비교해 보니 그 성장의 폭과 깊이가 놀라웠다.

이번 탐구를 통해 깨달은 것은 성장을 인식하는 과정 자체가 또 다른 성장의 촉진제가 된다는 점이다. 아이들은 자신의 변화를 돌아보며 자신에 대한 신뢰를 키우고, 앞으로 더 성장하고자 하는 의지를 다졌다. 또한 다양한 관점(나, 친구, 부모님)에서 성장을 바라보는 경험은 아이들에게 자기 인식의 폭을 넓히는 기회가 되었다.

특히 부모님 편지를 읽을 때의 아이들 표정은 잊기 어렵다. 부모님이 자신의 작은 변화까지 알아보고 칭찬해 준다는 사실에 감동하고, 부모님의 사랑과 기대에 부응하고자 하는 마음이 더욱 커지는 모습이었다. 이는 성장에서 인정과 격려가 얼마나 큰 힘이 되는지를 일깨워 준다.

이번 탐구를 통해 아이들의 성장 과정을 좀 더 정기적으로 기록하고 공유하는 시스템을 마련해야겠다는 생각이 들었다. 학기별로, 혹은 분기별로 성장의 순간들을 아이들이 스스로 포착하며 자신의 발전을 더 구체적으로 인식할 수 있게 돕는다면, 이것이 아이들의 자기 성찰 능력과 성장 의지를 더욱 강화하는 밑거름이 될 것이다.

2
성찰을 통해 변화를 깨닫다

성장 키워드로 본 나와 우리의 변화

그림책 『이게 정말 나일까?』를 함께 읽으며 자신의 변화에 대한 성찰을 더 깊이 해 보는 시간을 가졌다. 책에 실린 여러 그림이나 에피소드는 아이들이 자신의 변화와 성장을 어떻게 구체화할 수 있는지를 보다 쉽게 이해할 수 있도록 도와주었다. 그리고 1년 동안 자신이 성장했다고 느꼈던 경험들, 이를테면 스스로 해낸 일이나 달라진 태도, 친구 관계에서의 변화 등을 한 가지씩 모아서 함께 나누는 시간을 가졌다. 이렇게 모인 구체적인 성장 사례들을 바탕으로 성장 키워드를 뽑아 보는 활동으로 이어 갔다.

“‘협력’이요. 친구들과 같이 하면 더 재미있고 쉬워요.”

“‘존중’이요. 예전에는 화가 나면 소리를 지르거나 울었는데, 이제는 왜 그런지 말할 수 있어요. 또 친구를 이해하려고 노력해요.”

“‘자신감’이요. 혼자 자는 게 무서웠는데 이제는 내 방에서 혼자 잘 수 있어요. 그리고 발표도 씩씩하게 잘해요.”

이렇게 정리된 성장 키워드들은 교실 벽면의 ‘우리의 성장 지도’로 완성되었다. 지도에는 ‘협력’, ‘자신감’, ‘존중’, ‘책임감’, ‘배려’, ‘열정’ 등 아이들이 고른 키워드가 펼쳐졌고, 아이들은 그 앞에서 어느 부분이 많이 성장했는지, 또 어떤 부분을 더 성장해야 하는지 스스로 이야기했다.

‘우리의 성장 지도’는 활동 결과물 게시로 끝나지 않고, 우리의 성장 현황을 시각적으로 확인하는 지도이자 다음 목표를 세우는 이정표 역할을 한다. 이를 통해 아이들은 성장의 균형이 왜 중요한지 자

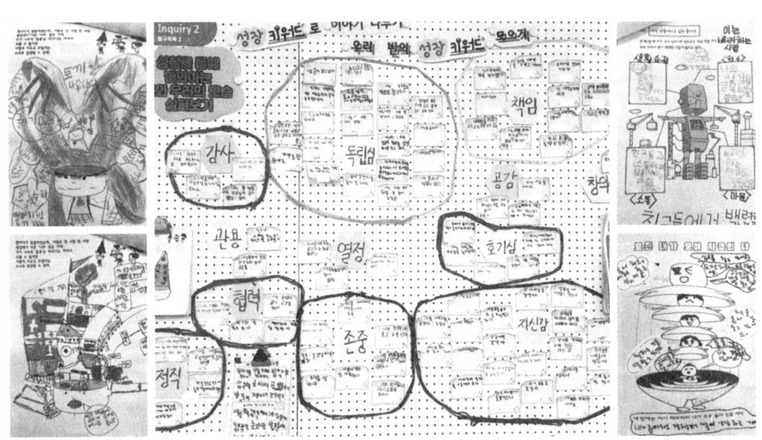

자신의 변화를 깊이 있게 성찰하는 성장 키워드 탐구 활동

연스럽게 이해했다. 한쪽으로만 잘하는 것이 아니라 생각, 마음, 행동이 함께 자라날 때 진짜 성장이 된다는 사실을 깨닫게 된 것이다.

교사 성찰

성찰은 경험을 의미 있는 배움으로 전환하는 강력한 도구다. 이번 활동을 통해 아이들은 단순히 '무엇을 했는지'를 넘어 '어떻게 변화했는지', 그리고 '왜 그런 변화가 일어났는지'에 대해 생각해 볼 수 있었다. 처음에는 머뭇거리던 아이들도 자신의 성장 이야기를 나누면서 점점 자신감 있고 생기 넘치는 모습을 보였다. 이는 자신의 성장을 언어화하고 공유하는 과정 자체가 자기효능감과 자존감을 높이는 데 기여한다는 것을 보여 준다.

다만 모든 아이가 동일한 속도로 성장하는 것은 아니기에, 상대적으로 변화가 더디다고 느끼는 아이들이 위축되지 않도록 세심하게 배려해야 했다. 작은 변화도 소중히 여기고 인정하는 분위기를 만드는 것, 그리고 각자의 고유한 성장 패턴을 존중하는 문화를 형성하는 것이 중요함을 다시 한 번 느꼈다.

다음 학년을 향한
징검다리 놓기

성장 나무에 새겨진 다짐과 꿈

1학년의 성장을 바탕으로 2학년에서의 더 큰 성장을 꿈꾸며 '2학년으로 가는 성장의 다리'를 놓는 시간을 가졌다. 그림책『100층짜리 집』시리즈를 함께 읽고, 우리 반만의 100층짜리 집 '성장 편'을 만들어 보기로 했다. 다람쥐가 겨울잠을 준비하며 도토리를 모으듯 아이들은 1학년의 성장을 하나하나 되돌아보고 새 봄과 함께 다가올 2학년을 향한 성장 다짐을 별 모양 스티커에 담아 정성껏 붙였다.

"나의 생각을 자신감 넘치는 목소리로 발표하고, 도움이 필요한 친구를 배려하고 도와줄 거야."

“꿈을 향해 포기하지 않고 계속 도전하고, 내 마음을 잘 들여다보고 친구들과 소통하려고 노력할 거야.”

“친구의 생각을 존중하고 내 꿈인 화가가 되기 위해 다양한 그림을 많이 그릴 거야.”

아이들의 성장 나무에 반짝이는 별이 하나둘 붙을 때마다 별빛으로 물든 성장 나무가 빛났다.

이어진 활동은 ‘응원 릴레이 보드’였다. 아이들은 친구의 성장 나무 앞에 서서 따뜻하고 세심한 시선으로 친구가 쓴 다짐과 꿈을 살폈다.

“너의 다짐이 꼭 이뤄졌으면 좋겠어.”

“나는 네가 할 수 있다고 믿어. 응원할게.”

서로의 노력을 알아본 응원의 힘과 함께 자란 공동체의 온기가 담겨 있는 카드가 모여 2학년으로 이어질 성장의 징검다리가 되었다.

서로에게 보내는 응원 릴레이

아이들의 다짐을 적은 별 하나하나에는 거창한 목표가 아니라 자신이 조금 더 성장하고 싶은 현실적이고 구체적인 바람들이 담겼다. 아이들은 친구들이 적어 놓은 성장 다짐을 보며 서로의 바람을 공감하고 응원해 주는 경험을 했다. 이 활동을 통해 아이들은 1년간의 긴 배움의 끝자락에서 혼자만의 발전이 아닌 함께 하는 배움과 나눔 속에서 또 한 번 성장했다.

성장이란 목표에 도달하는 결과만을 의미하는 것이 아니라 곁에서 함께 걸으며 서로를 지지하는 여정임을 다시 실감할 수 있었다. 2학년이라는 새로운 시작을 앞둔 지금, 교실의 성장 나무는 아이들이 스스로 적어 둔 소망과 다짐이 집약된, 새로운 출발을 여는 선언문이자 우리 모두가 앞으로도 꾸준히 성장해 나갈 것을 약속하는 상징이 되었다.

우리 반 성장 선언식

나의 성장을 축하하며, 우리의 내일을 약속하며

마지막으로 1학년 동안의 성장을 축하하고 2학년을 향한 기대와 다짐을 나누는 '우리 반 성장 선언식'을 진행했다. 선언식의 하이라이트는 모든 아이가 스스로에게 주는 특별한 금메달 수여식이었다. 메달에는 각자 '나에게 주고 싶은 상장'과 '2학년이 된 나에게 보내는 편지'가 앞뒤로 붙어 있다. 아이들은 자신만의 성장을 담아 상장 이름을 직접 작명하고, 그 상을 주는 이유도 스스로 적었다.

"저는 '용기의 발표상'을 제게 주고 싶어요. 처음에는 발표를 무서워했지만 이제는 자신 있게 큰 목소리로 발표할 수 있게 되어 이

스스로에게 주는 상과 2학년이 된 나에게 보내는 편지

상장을 줍니다."

"'친구랑 잘 노는 상'이에요. 저는 열린 마음을 가진 사람으로 항상 친구들을 배려하며 사이좋게 잘 지내므로 이 상장을 줍니다."

각자 자신의 상장 내용과 2학년이 된 나에게 보내는 편지를 읽는 시간을 가졌다. 아이들은 메달을 목에 걸고 한 명씩 레드카펫을 걸으며 자신의 성장을 당당하게 뽐냈다. 박수와 환호로 서로의 성장을 축하해 주었다.

성장 선언식은 모두가 힘찬 목소리로 성장 선언문을 낭독하는 것으로 마무리되었다.

"우리는 1학년 동안 많이 성장했습니다. 우리는 서로를 배려하고 존중하는 법을 배웠습니다. 우리는 도전하고, 실수하고, 해결하

레드카펫에서 걷는 모습

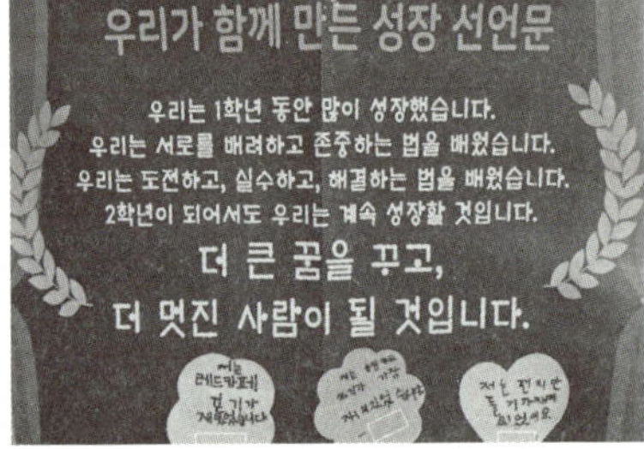

성장 선언식을 하는 모습

는 법을 배웠습니다. 2학년이 되어서도 우리는 계속 성장할 것입니다. 더 큰 꿈을 꾸고, 더 멋진 사람이 될 것입니다."

이 순간을 영상으로 남겨 아이들이 언제든지 자신의 성장 여정을 되돌아볼 수 있도록 공유했다. 이날의 아이들은 자랑스러움으로 가득했다.

교사 성찰

1년이라는 시간이 지나고 보니, 아이들은 단순히 지식과 기술을 쌓아 온 것이 아니라 온전한 한 사람으로서 성장해 왔다는 것을 새삼 깨달았다. 이번 탐구를 통해 아이들은 자신의 발전을 인식하고 미래를 향한 목표를 설정하는 귀중한 경험을 했다.

아이들은 '성장'을 다차원적으로 이해했고 학습뿐 아니라 대인관계, 자기조절, 문제해결, 생활 습관, 예술적 표현, 체육 활동 등 다양한 영역에서의 성장을 바라볼 줄 알게 되었다. 이는 1년 동안 '균형 잡힌 사람'으로의 성장을 강조해 온 결과라고 생각한다.

성장 선언식에서 모든 아이에게 금메달을 수여한 것은 '개인의 성장'에 초점을 맞추는 우리 학급의 가치를 상징적으로 보여 주는 활동이었다. 아이들이 서로를 비교하거나 등수를 매기는 경쟁 구도가 아니라 각자의 고유한 성장을 인정하고 축하하는 문화를 만들고자 했다.

이번 탐구 여정은 2학년으로 진급하는 아이들에게 자신감과 동기부여를 제공했다고 생각한다. 자신이 얼마나 성장했는지 확인하고, 미래에 대한 구체적인 목표를 세우며, 친구들의 응원을 받는 경험은 아이들에게 든든한 심리적 자산이 될 것이다.

교사로서 이번 탐구를 통해 다시 한 번 깨달은 것은 '성찰'의 힘이다. 경험 자체도 중요하지만, 그 경험을 돌아보고 의미를 부여하는 성찰의 과정이 진정한 성장으로 우리를 이끈다. 앞으로도 아이들이 자신의 경험을 꾸준히 성찰하고, 더 나은 미래를 계획할 수 있는 기회를 제공해야겠다고 다짐했다.

1년 전, 낯선 환경에서 조심스럽게 첫 걸음을 내디뎠던 아이들이 이제는 스스로의 성장을 바라보고, 친구의 변화를 인정하며 함께 미래를 이야기할 수 있는 아이가 되었다.

1학년의 365일은 아이들에게 단순한 한 해가 아닌, '나를 이해하고, 우리를 배우는 한 해'였다. 2학년으로 이어질 이 징검다리 위에서 아이들은 '할 수 있다.'는 믿음과 '함께라서 가능하다.'는 힘을 가진 존재로 성장했다. 그들의 걸음을 언젠가 다시 돌아볼 때 이 순간들이 아이들의 삶을 지탱하는 든든한 뿌리가 되어 있을 것이라 믿는다.

Chapter 14

1년의 여정을 포트폴리오에 담다

- 배움과 성장을 기록하다

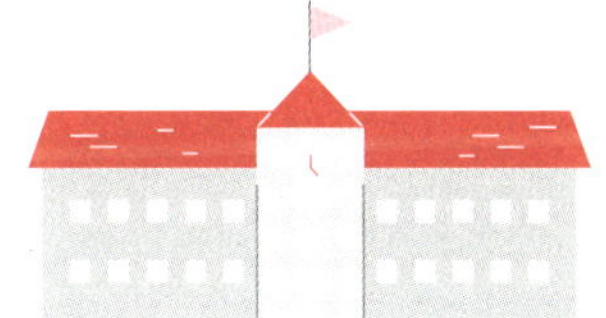

포트폴리오로
성장의 여정을 남긴다

한 학기의 시간이 모여 1년이 되고, 하루하루의 배움이 쌓여 성장이 된다. 아이들은 매일 수많은 활동을 하고, 새로운 개념을 배우며, 친구들과 함께 긴 탐구의 여정을 걸어간다. 그러나 시간이 지나면 그 많은 순간이 쉽게 흩어져 버리는데, 아이들의 작은 손이 모은 수많은 생각과 경험을 어떻게 기록하고 간직할 수 있을까? 우리 1학년 교실에서는 '성찰 공책'이라는 특별한 보물 상자를 통해 이 소중한 순간들을 담았다.

매 학기 한 권씩 만드는 '성찰 공책'은 단순한 활동 결과물 모음집이 아니다. 한 학기 동안 3개의 탐구 단원을 진행하며 아이들은 각 탐구 단원이 끝날 때마다 그 과정을 정리하고 돌아본다. '성찰 공책'은 탐구 단원(UOI)을 지나며 경험한 배움의 여정과 그 과정에서 느낀 감정, 발견한 통찰을 자신만의 언어로 담아내는 공간이다.

'무엇을 탐구했는지', '내가 어떻게 배우고 느꼈는지', '새롭게 알게 된 점은 무엇인지'를 자신만의 언어로 기록한다. 처음에는 '뭐라고 써야 해요?', '재미있었다.', '신기했다.'처럼 막연함으로 시작했지만, 단원이 거듭될수록 점차 구체적인 이유와 생각을 담은 성찰로 발전해 갔다.

마지막 탐구가 끝날 무렵, 아이들의 성찰 공책에는 배움의 흔적이 가득했다. 친구들과 함께 했던 협동 작품 사진, 직접 만든 활동 자료, 수업 중 떠올랐던 궁금증과 깨달음이 다채롭게 담겨 있다. 아이들은 성찰 공책을 보며 자신의 탐구 발자국을 눈으로 확인하는

성찰 공책에 담긴 배움과 통찰의 기록

것을 좋아한다. 이렇게 쌓인 기록은 아이들이 자신의 성장 과정을 인식하고 앞으로의 탐구 방향을 스스로 설정하는 나침반이 된다.

기록이 주는 성장의 힘

성찰 공책의 가장 큰 특징은 아이들이 주도적으로 만들어 간다는 점이다. 교사가 제시하는 틀은 있지만 그 안을 채우는 내용과 방식은 아이들 자신의 선택에 따른다. 어떤 아이는 그림으로, 또 어떤 아이는 글로 자신의 배움과 생각의 깊이를 표현한다. 이 과정에서 아이들은 배움 과정을 객관적으로 바라보는 법을 배우고, 자신만의 표현 방식을 발견하며, 자신의 생각을 정리하는 능력을 키워 간다.

성찰은 곧 성장이다. 글로 쓰며 생각을 정돈하고, 다음 탐구에서 더 나은 방법을 찾으려는 태도가 생긴다.

"이 작품을 다시 보니, 네가 어떤 점을 가장 재미있어 했는지 잘 보이네."

"이때 어려웠던 점을 다음 탐구에서는 어떻게 바꾸면 좋을까?"

이런 대화는 단순한 피드백을 넘어 교사와 학생이 함께 배움의 여정을 돌아보고, 다음 배움의 방향을 재설계하는 소중한 시간이 된다. 아이들은 자신의 성찰을 통해 스스로의 강점과 도전 영역을 인식하고, 교사는 아이들의 성찰을 통해 더 나은 교육 환경을 구성할 수 있는 통찰을 얻는다. 이렇게 성찰 공책은 배움의 순환을 완성하는 핵심 도구로 자리 잡는다.

나만의 이야기를
함께 나눈다

하나의 탐구 단원(UOI)이 끝날 때마다 우리는 완성된 성찰 공책 포트폴리오를 들고 서로 이야기 나누는 시간을 갖는다. 친구의 기록을 보며 "이런 생각을 했구나!", "나도 이렇게 다시 해 보고 싶다." 하며 서로의 배움을 공유한다. 어떤 아이는 탐구 결과보다 탐구 과정을 더 길게 기록하고, 또 다른 아이는 느낀 점을 빼곡히 채운다. 형태는 모두 달라도 그 안에는 '스스로 배우는 어린이'로서의 자부심이 담겨 있다.

작은 손으로 한 글자씩 써 내려간 기록 속에는 아이의 마음과 배움의 발자취가 깊게 새겨진다. 이 소중한 기록은 부모님과도 나눈다. 아이들은 자신이 어떻게 성장했는지, 무엇을 탐구했는지 부모님께 설명하며 자신의 배움을 더욱 단단히 한다. 부모님들은 아이의 설명에 놀라움과 감동을 표현하고, 짧은 응원 메시지를 성찰 공책과 UOI 통지에 남겨 준다.

"선생님, 엄마가 제 성찰 공책을 보고 정말 많이 컸다고 칭찬해 주셨어요."

"아빠가 제 성찰 공책에 '자랑스럽다.'고 써 주셨어요. 다음 탐구에서는 더 열심히 할래요."

이렇게 성찰 공책은 아이들에게 배움의 기록을 넘어 성장을 확인받고 다음 도전을 향한 동기를 얻는 소중한 매개체가 된다.

교실에 쌓이는 보물상자들

학년이 끝날 즈음이면 교실 한편에 아이들의 활동 결과물과 성찰 공책이 쌓인다. 이것들은 단순한 학습 산물이 아니라 한 해 동안 아이들이 만들어 온 '성장 기록'이다. 한 줄의 글로 남긴 배움의 흔적 속에 한 명 한 명의 가능성과 다음 배움의 방향이 담겨 있다.

'이때의 궁금증이 새로운 탐구로 확장되었구나.'

'이 아이에게는 표현의 자신감을 키워 주는 것이 중요하겠구나.'

작은 공책 한 권이 교실 안에서 살아 있는 '배움 지도'가 된다. 아이들이 기록을 통해 자신을 돌아보고, 선생님이 그 기록을 토대로 성장을 돕는 교실은 '배움이 살아 있는 공동체'가 된다. 평가를 위한 기록이 아니라 성장과 성찰을 위한 기록이 중심이 되면 아이들은 학습 결과보다 과정 자체를 소중히 여기며 즐긴다.

포트폴리오는 현재를 담으면서도 오늘의 배움이 내일의 성장으로 이어지는 징검다리가 되어 시간이 지나도 '나는 이렇게 배웠고, 이렇게 성장했어.'라고 자신 있게 말할 수 있는 근거가 된다.

교사 성찰

성찰 공책을 처음 도입했을 때 1학년 아이들에게 '성찰'이라는 개념이 너무 어렵지 않을까 걱정했다. 하지만 아이들은 금방 자신의 배움과 감정을 표현하는 방법을 찾아갔고, 시간이 지나며 성찰의 깊이가 깊어졌다. 처음에는 단순히 활동의 재미와 어려움을 표현하던 아이들이 점차 '왜' 그랬는지, '어떻게' 느꼈는지, '앞으로' 어떻게 하고 싶은지를 담기 시작했다.

성찰 공책은 교사인 나에게도 소중한 자료가 되었다. 아이들의 성찰을 통해 수업의 효과를 확인하고, 다음 수업을 계획하는 데 참고할 수 있었으며, 무엇보다 아이들이 어떤 부분에서 성장하고 어떤 어려움을 겪는지 더 깊이 이해할 수 있었다.

작은 손으로 한 장 한 장 채워 간 성찰 공책은 단순한 학습 결과물이 아닌, 아이들의 성장 이야기를 담은 소중한 보물 상자다. 이 상자 속에는 지식뿐만 아니라 도전과 실패, 성취와 기쁨, 그리고 '나는 성장하고 있다.'는 자신감이 담겨 있다. 이것이야말로 1학년 교실에서 우리가 함께 만들어 가는 가장 아름다운 성장의 증거다. 1학년에서 시작된 이 작은 성찰의 습관이 아이들의 평생 학습 역량으로 자리 잡기를 바란다.

Part 3

By IB

함께 키우는 마음,

평생 자라는 아이

Chapter 15

아이를 이해하지 말고, 해석하라

- 귀인이론과 IB 학습자상

'이해'가 아닌
'해석'이 필요하다

아이들에게 무언가 문제가 생기면 우리는 본능적으로 '내 아이를 이해해야 해.'라는 생각을 하곤 한다. 왜 화를 냈는지, 왜 도전하기를 꺼렸는지, 혹은 왜 실수를 반복하는지 등 행동의 동기를 파악하려 애쓴다. 하지만 '이해한다'는 것은 때로는 그저 아이의 감정을 읽는 데 머무르고, 결과적으로 자녀의 행동 그 자체에 답을 하지 못할 때도 있다.

여기서 우리는 한 발 더 나아갈 필요가 있다. 바로 '해석'이다. 해석한다는 말, 즉 행동의 원인을 분석하고 의미를 찾아본다. 단순히 '아이의 마음이 이런 거구나.' 하고 도달하는 데서 멈추지 않고, 실제로 그 마음이 어떻게 행동으로 연결되었는지를 유심히 살피는 것이다.

이는 교육 심리학에서 말하는 '귀인이론'과 관계가 있다. 귀인이론이란 '행동의 원인을 어디에 돌리느냐'를 연구하는 분야이다. 쉽게 이해하면, 내 아이가 어떤 행동을 했을 때 그 원인을 스스로에게서 찾는지, 아니면 외부 환경이나 상황에 돌리는지를 이해하는 심리학적 접근이다.

아이가 실패했을 때 부모가 묻는 질문의 힘

우리는 아이가 시험에서 점수가 떨어졌을 때, 혹은 친구와의 관계에서 어려움을 겪었을 때 이렇게 묻곤 한다.

"왜 그랬니?"

"뭘 잘못했는지 아니?"

"다음에는 어떻게 할 거니?"

하지만 이런 질문은 때로 아이에게 책임만을 요구하거나, 문제의 원인을 단편적으로만 바라보게 만들 수 있다. 이럴 때 조금 다르게 물어보자. 귀인이론을 바탕으로 그 행동이 나온 깊은 밑바탕을 함께 '해석'해 보는 것이다.

"이 일이 이렇게 된 건 네가 뭘 못해서일까? 아니면 상황이 좀 어려웠던 걸까?"

"이런 경험이 혹시 또 있었니? 그럴 때 네 생각은 어땠어?"

이런 질문들은 단순히 누군가의 탓을 묻는 게 아니라 아이가 자

신의 경험을 돌아보고 원인을 여러 관점에서 생각해 볼 수 있게 도
와준다. 이런 과정이 바로 IB 교육에서 강조하는 '성찰하는 사람
(Reflective)' 학습자상과, 두려움을 넘어서 시도해 보는 '도전하는 사
람(Risk-taker)'의 태도를 키우는 핵심 출발점이 된다.

'실패'를 해석하는 태도의 차이

우리는 왜 실패에 이토록 민감하고, 두려움에 사로잡힐까? 어쩌
면 실패는 곧 '부끄러운 것' 혹은 '능력이 부족한 증거'라고 해석하는
문화와 환경이 만들어 낸 결과일 수 있다. 하지만 진정한 학습과 성
장은 처음부터 완벽함이 아닌 수많은 오류와 실수, 새로운 시도와
그 과정에서 얻은 작은 통찰에서 비롯한다.

이럴 때 아이가 경험한 실패를 부모의 시선에서 진심으로 받아
들이는 태도가 필요하다.

"네가 실패해도 괜찮아."

이 말은 단순히 위로의 차원을 넘어섰다. 아이에게 '실패'라는 경
험을 '네가 노력했다는 증거'로, 혹은 앞으로 더 성장할 중요한 재료
로 해석해 주는 것이다.

아이가 자신의 실수를 만났을 때 그 원인을 '내가 무능해서…',
'나는 해도 안 돼.' 같은 고정적이고 자기비하적인 시선 즉 내적 귀
인이자 비관적 귀인에 머무르면, 새로운 도전을 하고자 할 때 쉽게
지치고 용기를 잃게 된다. 반대로, "이번에는 준비가 조금 부족했던

것 같아.", "환경이 새로워서 당황했지만 다음에는 적응할 수 있을 것 같아."처럼 상황적인 원인, 즉 외적 귀인이나, '지금은 과정 중일 뿐이야.' 등 성장 지향적인 해석으로 이어진다면, 아이는 계속해서 도전을 이어가고 스스로를 믿는 힘을 키울 수 있다.

도전하는 사람 vs 성찰하는 사람

IB에서는 '도전하는 사람'은 결과에 상관없이 새로운 일을 시도할 수 있는 용기와 의지를 가진 사람이다. 이들은 실패에 대한 두려움보다는 시도하는 과정과 거기서 배우는 새로운 것에 가치를 둔다. 즉 '잘 안 되어도 해 보는 게 더 값진 일'이란 생각을 스스로 받아들일 수 있는 태도를 의미한다.

'성찰하는 사람'은 경험이나 행동을 가만히 되돌아보면서 그 의미와 교훈을 곱씹어 보는 자세를 갖고 있다. 이들은 자신이 무엇을 잘했는지, 어떤 점을 개선할 수 있을지를 차분하게 생각한다. 실패 역시 내 성장을 위해 아주 소중한 재료가 될 수 있다는 걸 잘 안다.

IB에서는 이 2가지 자세가 전인교육, 즉 지식이나 기술뿐 아니라 인성, 태도, 자기주도적인 학습능력까지 갖춘 사람으로 자라기 위한 초석이 된다고 강조한다.

해석은
태도를 바꾼다

실패를 해석하는 언어의 변화

그러면 부모는 아이와 어떤 이야기를 나눠야 할까?

"이번에는 결과가 기대만큼 나오지 않았지만, 그 사이에 네가 얼마나 노력했는지 다 봤단다."

"처음 해 보는 일이라 어려웠을 텐데, 네가 끝까지 포기하지 않는 걸 보니 정말 자랑스러워."

"실패는 과정의 일부야. 틀린 게 아니라 네가 성장하고 있다는 증거야."

"다음에는 어떻게 하면 더 잘할 수 있을지 같이 생각해 볼까?"

이러한 말들은 아이가 실패를 '창피하고 피하고 싶은 것'으로 해석하기보다, '새로운 도약을 위한 자양분'으로 받아들이도록 이끌어 준다. '도전하는 사람'과 '성찰하는 사람'으로 성장할 수 있도록 돕는 언어이다.

'실패해도 괜찮아'의 진짜 의미

부모로서 아이가 상처받지 않기를 바라는 마음에, 때로 아이가 위험해 보이는 도전이나 실수를 피하게 만들기도 한다. "차라리 안전한 길을 가라.", "실패하지 않는 게 더 중요하다."는 말로 아이를 보호하려 한다. 하지만 세상은 완벽히 예측되고 계획대로만 흘러가는 곳이 아니기에 오히려 작은 실패를 겪으며 더 단단해질 수 있는 힘을 키워 주는 것이 더 좋은 보호일 수 있다.

부모의 말과 행동이 모든 상황을 통제할 수 없다는 사실을 받아들이는 것, 그리고 아이가 '실패'할 권리, 스스로 다시 일어설 힘을 키울 기회를 주는 것, 이것은 결코 무책임한 방임이 아니다. 내 자녀가 '적당한 실패'를 경험하고, 실수로부터 배우며, 자신의 시도와 실험을 자랑스러워할 수 있도록 격려해 주는 것, 이것이야말로 가장 현명한 양육의 한 방식일 수 있다.

아이가 수학 시험에서 기대한 점수를 받지 못했을 때 대다수 부모는 속상한 마음에 이렇게 말한다.

"어디서 틀렸니?"

"다음에 더 열심히 하자."

그러나 이렇게 조금 바꿔 말해 보자.

"이번 시험을 준비하면서 가장 어려웠던 게 뭐였어?"

"다시 준비한다면 무엇을 다르게 해 볼 수 있을까?"

이런 식으로 '과정'에 집중하면 아이는 자신의 준비 과정과 공부 방법을 스스로 점검할 수 있게 되고, 다음에 새롭게 도전할 동기도 생긴다.

친구와 다툼이 있었을 때도 "왜 계속 싸우기만 하니?"라는 질책 대신 이렇게 말해 보자.

"이번에 친구랑 다퉜을 때 네 기분은 어땠어?"

"어떤 상황이 제일 힘들었니?"

"다음에 비슷한 일이 생기면 어떻게 하면 좋겠어?"

이런 대화는 아이로 하여금 자신의 감정과 행동을 차분히 돌아볼 수 있게 해 주며, 일상의 작은 실패까지 '스스로 배우는 경험'으로 만들어 준다.

자녀뿐 아니라 부모 자신을 위한 해석의 연습

사실 부모도 완벽하지 않다. 아이를 키우며 수많은 시행착오를 겪고, 때로는 아이와의 갈등에서 지치기도 한다. 그래서 부모도 자책하기보다 오늘의 나, 지금의 나를 긍정적인 관점에서 바라보는 연습이 꼭 필요하다.

부모 스스로도 평생학습자로서 '도전하는 사람', '성찰하는 사람'의 모습을 조금씩 실천해야 한다. 내 실수와 감정을 해석하고, 성장의 자양분으로 삼는 부모의 태도는 아이에게 무엇보다 자연스러운 본보기가 된다.

함께 성장하는 가족

"실패해도 괜찮아."라는 말은 단순한 구호나 위로의 말이 아니다. 오히려 그보다 더 큰, '우리 가족 모두가 조금 덜 완벽해도 괜찮고, 실수에서 배우고 성장하는 삶을 살아가자.'라는 다짐에 가깝다. 감정적인 이해를 넘어 객관적인 해석으로 자녀의 미래를 함께 모색할 때 진정으로 자녀를 성장시키는 부모가 될 수 있다. 아이가 무언가에 도전했다면 그 결과가 무엇이든 응원해 주고, 실패와 실수에서도 성장하는 가능성을 찾아주는 부모가 되자.

말 한마디가 만드는 차이

판단의 언어에서 발견의 언어로

"왜 이렇게 산만해?"

"넌 맨날 그러니까 안 되는 거야."

"동생은 잘하는데 넌 왜 이래?"

우리는 때때로 아이를 '판단'한다. 아이의 행동을 보고, 성격을 규정하고, 능력을 단정 짓는다. 그 판단은 때로 "넌 착해.", "넌 똑똑해."처럼 긍정적인 표현도 있지만 대부분은 부정적인 낙인으로 아이의 마음에 깊이 새겨진다.

하지만 판단은 아이를 고정시킨다. "넌 수학을 못해."라는 판단은 아이에게 '나는 수학을 못하는 사람'이라는 정체성을 부여하고, 더 이상 성장할 여지를 주지 않는다. 반면 발견은 아이의 생각을 열어 준다. "네가 도형 문제에서 어려움을 느끼는구나. 어떤 부분이 특히 헷갈려?"라는 발견의 언어는 아이에게 '나는 아직 배우는 중'이라는 가능성을 선물한다.

발견의 눈으로 아이 바라보기

판단은 쉽다. 한 번의 시험 점수로, 한 번의 실수로, 한 번의 행동으로 아이를 규정하는 것은 단 몇 초면 된다. 하지만 발견은 시간과 인내를 요구한다. 아이를 있는 그대로 바라보고, 그 안에 숨겨진 가능성을 찾아내는 것은 쉬운 일이 아니다.

판단은 결론이지만, 발견은 시작이다. 판단은 아이를 멈추게 하지만, 발견은 아이를 움직이게 한다. 오늘부터 우리는 아이를 판단하는 부모가 아니라 아이를 발견하는 부모가 되어야 한다. 그 노력은 분명 가치가 있다. 판단받으며 자란 아이는 움츠러들지만, 발견되며 자란 아이는 꽃을 피운다.

성장 마인드셋과 탐구하는 태도는 하루아침에 만들어지지 않는다. 부모가 매일 건네는 발견의 언어, 호기심을 환영하는 태도, 실패를 배움으로 재정의하는 관점이 쌓여 형성된다.

스탠퍼드 대학교의 심리학자 캐롤 드웩(Carol Dweck) 교수는 '성장 마인드셋(Growth Mindset)'과 '고정 마인드셋(Fixed Mindset)'이라는 개념을 제시했다. 고정 마인드셋을 가진 사람은 지능과 재능이 태어날 때부터 정해져 있다고 믿는다. 반면 성장 마인드셋을 가진 사람은 노력과 전략을 통해 능력을 개발할 수 있다고 믿는다.

흥미로운 점은 이 마인드셋이 선천적인 것이 아니라 주변 환경, 특히 부모의 언어에 의해 형성된다는 것이다. "넌 천재야."라는 칭찬을 들으며 자란 아이는 고정 마인드셋을 갖게 될 가능성이 높다. 반면 "네가 정말 열심히 노력했구나."라는 말을 들으며 자란 아이는 성장 마인드셋을 형성한다.

이러한 언어의 전환은 단순히 표현의 차이가 아니다. 아이가 자신을 바라보는 관점, 실패를 대하는 태도, 도전을 받아들이는 용기

고정 마인드셋의 언어 vs 성장 마인드셋의 언어

"넌 원래 그래." → "지금은 그렇구나. 다음에는 어떻게 해 볼까?"

"넌 똑똑해." → "네가 여러 방법을 시도한 게 인상적이야."

"넌 수학 머리가 없어." → "수학이 지금은 어렵구나. 어떤 부분이 특히 헷갈려?"

"실패했네." → "이번 시도에서 뭘 배웠어?"

"포기하지 마." → "다른 방법을 한 번 시도해 볼까?"

를 근본적으로 바꾼다.

성장 마인드셋을 가진 아이들은 실패나 어려움을 만났을 때 '난 원래 못해.'가 아니라 '어떻게 하면 더 잘할 수 있을까?', '노력하면 나아질 수 있어.'라는 생각으로 태도를 바꾼다. 결과적으로 더 많은 시도와 경험, 깊은 호기심을 바탕으로 본인만의 가능성을 끊임없이 확장해 나갈 수 있게 된다.

탐구하는 사람 : 호기심이 지능이 되는 순간

IB 학습자상 중 첫째는 '탐구하는 사람(Inquirer)'이다. 호기심을 갖고 질문하며, 스스로 배우는 방법을 아는 사람을 의미한다. IB는 단순히 지식을 전달받는 학생이 아니라 스스로 질문하고 탐구하는 학생을 키우는 것을 목표로 한다.

어린아이들은 태어날 때부터 타고난 '탐구하는 사람'이다. "왜요?", "어떻게요?", "이건 뭐예요?"라는 질문을 끊임없이 던진다. 하지만 안타깝게도 많은 아이가 성장하면서 이 호기심을 잃어 간다. 왜일까? 그들의 질문이 무시되거나, 성가신 것으로 여겨지거나, 판단받기 때문이다.

끊임없는 호기심을 바탕으로 스스로 탐구하고, 질문하는 데서 학습의 가치를 발견하게 된다. 아이가 주저하지 않고 질문하고, 그 질문의 답을 찾기 위해 다양한 방법으로 탐구하는 태도를 가질 때 배움과 성장의 문은 활짝 열린다.

이러한 태도는 단지 성적이나 시험 문제를 더 잘 풀게 만드는 데 그치지 않는다. 스스로 궁금함을 해결하겠다는 열정, 그리고 모르는 것을 부끄러워하지 않는 용기야말로 평생학습자로 성장할 수 있는 가장 원천적인 힘이 된다. 부모가 아이의 질문을 응원하고, "궁금해? 그럼 같이 알아볼까?"라는 태도로 이어질 때 아이의 호기심은 지능으로, 그리고 폭넓은 자기주도적 배움으로 연결된다.

최근 뇌과학 연구에 따르면, 호기심은 단순히 정보를 얻고자 하는 욕구가 아니라 학습을 촉진하는 강력한 동력이다. 호기심이 활성화되면 뇌의 보상 중추와 기억 중추가 동시에 작동하여 학습 효과가 극대화된다. 즉 아이가 궁금해하는 것을 배울 때 그 지식은 훨씬 더 깊고 오래 남는다.

더 중요한 것은, 호기심을 유지하는 아이들이 평생학습자가 된다는 점이다. 학교에서 배우는 지식은 시간이 지나면 낡아지지만, '궁금한 것을 스스로 찾아 배우는 능력'은 평생 유효하다.

아이를 발견으로 성장시키는 말

부모는 때때로 아이가 반복해서 실수할 때 상처 주는 말을 하기도 한다.

"도대체 몇 번을 말해야 알아듣니?"

"넌 안 될 것 같아."

"형은 잘만 하는데 왜 너는…."

이런 말은 아이가 스스로 평가절하하게 만들고, 새로운 시도나 도전에 두려움을 느끼게 한다. 이런 부정적 언어는 단순한 질책을 넘어, 아이의 고정 마인드셋 형성에 영향을 미칠 수 있음을 기억해야 한다.

"아직 익숙하지 않아서 실수할 수 있어."

"너만의 속도로 배워 가도 괜찮아."

"실수는 배우는 과정 중 하나란다."

이와 같이 노력과 과정을 격려하는 언어는 아이의 마인드셋을 단단히 지지해 줄 수 있다. 아이는 실수나 실패가 곧 자신의 한계가 아니라 또 한 번 더 성장할 수 있는 밑거름이라는 점을 점차 스스로 깨닫게 된다.

질문, 호기심, 그리고 부모의 대화 노하우

부모로서 아이의 지능을 키워 줄 수 있는 중요한 방법 중 하나는 대화 속에 '질문'을 자연스럽게 녹여 내는 것이다. 예를 들어, 아이가 집에 돌아왔을 때 "오늘 학교에서 뭐 배웠어?"라고 묻기보다 "오늘 가장 재미있었던 일은 뭐였니?", "혹시 오늘 너를 가장 궁금하게 만든 건 뭐야?"와 같이 호기심을 자극하는 질문을 먼저 건넨다.

이런 대화 속에서 아이는 자신의 하루를 더욱 주의 깊게 돌아보고, 자신도 몰랐던 흥미와 궁금증을 발견하게 된다. 그리고 부모와의 대화를 통해 '질문 그 자체'를 즐거워하게 되면서 점점 더 새로운

부모가 아이의 호기심을 키우는 방법

첫째, 아이의 질문을 환영한다. 바쁘더라도 잠시 멈추고 "좋은 질문이네."라고 반응해 준다.

둘째, 답을 바로 주기보다 함께 찾아본다. "엄마도 궁금한데, 같이 찾아볼까?"라고 말하며 함께 탐구하는 과정을 즐긴다.

셋째, 아이에게 질문을 던진다. "네 생각은 어때?", "왜 그렇게 생각해?", "다른 방법은 없을까?"

넷째, 실수와 실패를 탐구의 기회로 만든다. "이게 왜 안 됐을까?", "다음에는 어떻게 하면 달라질까?"

지식을 스스로 탐구할 수 있는 태도를 갖추게 된다.

　아이가 어려운 문제에 부딪혀 힘들어할 때도 단순히 '정답'을 알려 주는 것에 그치지 않고, "너라면 어떻게 풀 수 있을까?", "다른 방법은 없을까?", "이 실수가 네게 어떤 경험을 남겨 줬을까?"와 같은 열린 질문을 한다. 이런 질문들은 아이가 스스로 생각하게 만들고, '실수'에서 '배움'을, '좌절'에서 '성장'으로 변화시키는 부모의 언어이다.

한마디 말로 바꿀 수 있는 아이의 미래

결국 우리에게 중요한 것은 아이에게 얼마나 더 많은 지식을 주느냐가 아니라 아이가 '질문하고 배우려는 마음'을 놓치지 않게 하는 것이다. 부모가 어떤 한마디를 고르느냐, 어떤 언어로 아이와 소통하느냐가 결국 아이의 성장 궤적을 결정짓는다.

"네가 모르는 건 당연해. 그걸 궁금해해서 너무 기뻐."

"정답을 몰라도 괜찮아. 네가 생각한 과정이 소중하단다."

이런 말들이 누적되면서 아이는 자신의 가능성에 스스로 눈을 뜨고, 세상에 한 걸음 더 용기 있게 나설 수 있다.

자녀가 과학 숙제에 어려움을 겪고 있을 때 "왜 아직도 몰라?"라고 하기보다 "이 부분이 잘 이해가 안 간다면 어떤 점이 제일 헷갈려? 같이 생각해 볼까?"라고 질문한다. 또 시험에서 점수가 떨어졌을 때 "다음에는 더 열심히 해." 대신 "노력하면서 가장 힘들었던 과정이 뭐였어? 그걸 이번에 배웠다면 이미 훌륭해진 거야.", "이번에 새롭게 알게 된 내용이 있었니?"와 같이 대화의 방향을 바꾼다.

부모와 이런 질문 덕분에 아이는 자신의 하루와 고민, 실패와 성공의 이유를 자신만의 언어로 설명하는 힘을 키워 가게 된다.

부모에게도 성장 마인드셋이 필요하다

부모 역시 완벽할 필요가 없다. 부모도 익숙하지 않은 상황에서 실수하고, 아이와의 대화에서 끊임없이 배우고 있다는 사실을 인정하자. "부모라서 늘 답을 알고 있어야 해."라는 생각에서 벗어나 "엄마도 함께 배우는 중이야.", "이런 상황에서 어떻게 해야 할지 엄마

성장 마인드셋을 키우는 부모의 실천

첫째, '아직'이라는 단어를 사용한다. "못해."가 아니라 "아직 못해."라고 말한다. 이 단어 하나가 아이에게 무한한 가능성을 열어 준다.

둘째, 과정을 구체적으로 칭찬한다. "잘했어."보다는 "포기하지 않고 3가지 방법을 시도한 게 대단해."라고 말해 준다.

셋째, 실패를 배움의 기회로 재정의한다. "실수했구나."보다 "이 실수에서 뭘 배울 수 있을까?"라고 물어본다.

넷째, 부모 자신의 성장 과정을 공유한다. "엄마도 처음에는 운전이 무서웠는데, 연습하니까 이제는 자신감이 생겼어."

도 궁금해."라고 솔직히 말해 보자.

이렇게 스스로 발견하고 배우는 부모의 태도야말로 아이에게 가장 강렬한 성장 마인드셋의 본보기가 된다.

아이와 부모가 함께 넘는 성장의 언덕

오늘부터 아이에게 다음과 같은 언어를 더 자주 건네 주자.

"넌 노력하는 만큼 자랄 수 있는 아이야."

"궁금해도 괜찮고, 실패해도 괜찮아."

"함께 한 번 더 해 보자."

아이가 실수나 상처를 마주하더라도 그 경험을 통해 한 뼘씩 자라난다는 걸 믿어 주자. 부모인 우리 역시 아이의 성장 여정 곳곳에서 격려와 호기심, 열린 질문으로 동행하며 함께 큰 언덕을 넘어갈 수 있다.

아이의 지능과 태도, 그 모든 미래를 바꾸는 힘이 부모의 한마디 말에서 출발한다는 사실을 꼭 기억하자. 아이의 상처를 성장으로 바꾸는 것은 바로 부모의 언어에서 시작된다.

Chapter 16

천천히, 그러나 확실하게 자라는 아이

– 회복탄력성과 균형 잡힌 성장

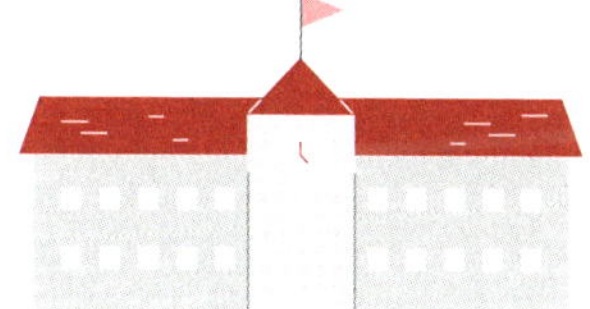

넘어져도
다시 일어서는 힘을 기른다

회복탄력성이 높은 아이

회복탄력성(resilience)이란 삶에서 다양한 어려움이나 실패를 경험한 뒤 그 전의 상태로 다시 돌아오거나, 오히려 그 이상의 수준으로 성장할 수 있는 심리적 능력을 뜻한다. 흔히 사람들이 "멘탈이 강하다.", "마음이 무너지지 않고 버텨 낸다."고 말할 때 바로 그 속에는 회복탄력성이 높다는 의미가 담겨 있다.

회복탄력성은 '넘어지고 어려움을 겪으면서 그 과정에서 다시 일어서는 법과 감정을 조절하는 방법을 배우는 힘'인데, 간혹 '절대로 넘어지지 않고 실수도 하지 않는 힘'이라고 오해하는 부모가 있

회복탄력성이 높은 아이의 특징

첫째, 실패를 두려워하지 않는다. 실패를 '끝'이 아니라 '과정'으로 받아들이며, 그 속에서 배울 점을 찾아낸다.

둘째, 감정을 건강하게 조절한다. 좌절감이나 분노를 느끼더라도 그 감정에 압도되지 않고, 스스로를 추스를 줄 안다.

셋째, 유연한 사고를 한다. 한 가지 방법이 막혔을 때 다른 방법을 시도하며, 고정된 틀에 갇히지 않는다.

넷째, 주변의 도움을 요청할 줄 안다. 혼자 모든 것을 해결하려 하지 않고, 필요할 때 적절히 도움을 청할 수 있는 용기가 있다.

다. 그런 부모는 아이가 어려움을 겪지 않도록 모든 장애물을 치우고 방어만 해 주려 한다. 그런 태도는 자녀의 회복탄력성을 키우는 데 전혀 도움이 되지 않는다.

회복탄력성이 높은 아이는 실패를 성장의 과정으로 인식하고, 감정을 효과적으로 조절하며, 다양한 해결 방법을 시도하는 유연성을 보인다. 또한 어려움을 겪을 때 혼자 해결하려 하지 않고, 적극적으로 주변의 도움을 구할 줄 아는 태도를 가진다. 이러한 특성들은 아이가 역경을 잘 극복하도록 돕는다.

아이의 회복탄력성은 하루아침에 만들어지는 것이 아니라 반복적으로 마주치는 다양한 일상 속 경험들이 쌓여 서서히 길러진다. 다음은 부모가 실천할 수 있는 구체적인 방법들이다.

첫째, 작은 실패를 경험하게 한다.

아이가 숙제를 깜빡했다면 부모가 학교에 가져다주는 대신 그 결과를 직접 겪게 해 본다. 이 과정에서 아이는 자신의 실수로 인한 불편함이나 속상함을 느끼지만, 이런 감정과 상황을 받아들이는 힘도 함께 자란다. 친구와 다툼이 생겼을 때도 부모가 앞장서서 해결하기보다 아이 스스로 친구에게 사과하고 화해하는 경험을 하도록 한다. 이처럼 일상에서 실패를 겪고 극복하는 경험들이 쌓이면 아이는 점차 '실패해도 괜찮다.', '다시 시작할 수 있다.'라는 자신감을 얻게 된다.

둘째, 감정을 인정하되 행동을 안내해 준다.

친구와 몸싸움이 있었다면 "네가 화가 난 건 당연해. 하지만 친구를 때리는 건 좋은 방법이 아니야. 다음에는 어떻게 할 수 있을까?"라고 대화해 보자. 이런 과정에서 아이가 느끼는 감정 자체는 존중하고 받아주지만, 잘못된 행동에 대해서는 명확한 기준을 제시하며, 올바른 방법을 함께 찾아간다. 아이가 자신의 감정을 건강하게 표현하고 조절하는 방법을 익힐 수 있도록 부모가 대화를 이끌어 주는 것이 중요하다.

셋째, 과정을 칭찬한다.

"100점 받아서 대단해."라고 단순히 결과만 평가하기보다는 "끝까지 포기하지 않고 노력한 네가 정말 자랑스러워."처럼 과정을 칭찬해 준다. 이럴 때 아이는 결과에만 집착하지 않고 노력을 통해 얻어지는 성장과 배움의 가치를 자연스럽게 체험하게 된다. 과정에 대한 칭찬은 아이가 새로운 도전이나 실패 앞에서도 두려움 없이 다시 시작하도록 힘이 되어 준다.

넷째, 부모 자신의 실패를 공유한다.

"엄마도 중요한 약속 시간을 착각해서 늦은 적이 있었어. 그때 너무 창피했어. 그래서 미리 일정을 꼭 확인하려고 다이어리 쓰는 습관이 생겼단다." 하고 부모의 경험을 나누어 보자. 이런 대화를 통해 아이는 부모도 실수하고 실패할 수 있다는 사실을 자연스럽게 받아들이고, 실패가 삶의 한 부분임을 이해하며 자신도 다양한 도전을 해 볼 용기를 갖게 된다.

시간과 경험이
아이를 완성한다

균형 잡힌 성장

　IB 학습자상 중 '균형 잡힌 사람(Balanced)'은 단순히 공부와 놀이의 균형만을 의미하지 않는다. 지적, 신체적, 그리고 정서적인 측면에서 모두 고르게 발달해 나가는 조화로운 성장을 뜻한다. 즉 한쪽 능력이나 한 가지 역량에만 치우치지 않고, 삶 전반을 아우르는 넓은 균형감을 갖춘 사람이 바로 IB가 추구하는 '균형 잡힌 사람'이다.

　현대 사회는 끊임없이 아이들에게 '더 많이, 더 빨리, 더 완벽하게'를 요구한다. 학업 성취는 물론이고, 예체능까지 뛰어나야 하며, 인성까지 갖춰야 한다고 말한다. 하지만 이 모든 것을 동시에 완벽하게 해내려다 보면 아이는 균형을 잃고 쓰러진다.

'균형 잡힌 사람'은 공부도 열심히 하지만 쉬는 것의 가치도 안다. 성취를 추구하지만 실패했을 때 자신을 용서할 줄도 안다. 타인을 배려하면서도 자기 자신을 소중히 여길 줄 안다. 무엇보다 자신의 한계를 인정하고 필요할 때 멈출 수 있는 용기가 있다.

아이에게서 다음과 같은 신호가 보인다면, 아이가 균형을 잃고 있다는 증거일 수 있다.

- 항상 피곤해하고 활력이 없다.

- 사소한 일에도 쉽게 짜증을 내거나 운다.

- 완벽주의 성향이 지나쳐 작은 실수에도 자신을 심하게 책망한다.

- 친구 관계나 취미 활동에 흥미를 잃었다.

- 수면 문제나 두통, 복통 등 신체 증상을 호소한다.

아이에게서 이런 신호들이 보인다면 지금 당장 속도를 늦추고 아이와 함께 중심을 잡을 시간이 필요하다.

첫째, 우선순위를 함께 정한다.

"네가 정말 좋아하는 것, 꼭 하고 싶은 것 3가지만 골라 볼까?" 모든 것을 다 하려고 하지 말고, 아이가 진정으로 원하는 것에 집중하도록 도와준다. 나머지는 과감히 내려놓는 연습이 필요하다.

둘째, '아무것도 안 하는 시간'을 보장한다.

빈틈없이 짜인 스케줄은 아이를 지치게 한다. 하루에 최소 30분은 아무 계획 없이 아이가 원하는 대로 시간을 보낼 수 있게 해 준다. 이 시간이야말로 아이의 창의성과 회복력이 자라는 순간이다.

셋째, 신체 활동을 생활화한다.

운동은 체력 향상만이 아니라 스트레스 해소와 정서적 균형에도 필수적이다. 거창한 운동이 아니어도 괜찮다. 함께 산책하기, 자전거 타기, 집에서 간단한 스트레칭하기만으로도 충분하다.

넷째, 부모가 먼저 균형 잡힌 모습을 보여 준다.

아이는 부모의 말이 아니라 행동을 따라 배운다. 부모 자신이 일과 휴식의 균형을 잡고, 실패를 담담히 받아들이며, 자신을 돌보는 모습을 보일 때 아이도 자연스럽게 균형 잡힌 삶을 배운다.

완벽한 제품이 아닌, 살아 있는 작품으로

우리는 종종 아이를 '완성해야 할 프로젝트'처럼 대한다. 좋은 성적, 바른 태도, 특출한 재능까지 갖춘 '완벽한 결과물'을 만들려 애쓴다. 하지만 아이는 공장에서 대량 생산되는 제품, 즉 정해진 규격과 기준에 맞춰 만들어지는 완벽한 산출물이 아니다. 아이는 한순간도 같은 자리에 머물지 않고 계속해서 변화하고, 크고 작은 경험을 축적하면서 성장한다. 아이는 매 순간 변화하고, 성장하며, 때로는 실수하고 넘어지면서도 다시 일어서는 '살아 있는 작품'이다.

제품은 규격화되어 있고, 결함이 없어야 하며, 완성되면 더 이상 변하지 않는다. 하지만 작품은 다르다. 작품은 과정에서 탄생하고, 불완전함 속에서도 고유한 가치를 지니게 된다. 그 불완전함조차도 고유의 가치로 인정받을 수 있다. 또한 시간이 지날수록 깊이를 더해 간다. 아이들도 마찬가지다. 넘어지고, 실패하고, 상처받는 경험들이 모여 결국 그 아이만의 단단하고 아름다운 인생이라는 하나의 '작품'을 완성해 간다.

그렇다면 우리는 어떻게 아이를 '작품'으로 대할 수 있을까?

작품을 완성하는 것은 시간과 경험이다

아이를 제품처럼 대하면 우리는 끊임없이 '결함'을 찾고 '수정'하려 들게 된다. 하지만 아이를 작품으로 대하면 우리는 그 과정을 존중하고 기다릴 수 있게 된다.

회복탄력성과 균형 잡힌 성장은 단기간에 만들어지지 않는다. 수많은 넘어짐과 일어섬, 실패와 재도전, 불균형과 조정의 과정을 거쳐 천천히 형성된다. 부모의 역할은 그 과정을 인내심 있게 지켜보고, 필요할 때 적절한 질문과 격려로 아이 스스로 길을 찾도록 돕는 것이다.

"넌 할 수 있어."라는 확신보다 "어떻게 해 볼까?"라는 열린 질문이 더 필요한 이유가 바로 여기에 있다. 전자는 결과를 강요하지만, 후자는 과정을 존중하기 때문이다.

오늘부터 아이를 조금 다르게 바라보자. 완성해야 할 프로젝트가 아닌, 매일 조금씩 완성되어 가는 작품으로 말이다. 그리고 그 작품을 만드는 것은 부모가 아니라 아이 자신이라는 것을, 우리는 단지 그 과정을 함께하는 동행자일 뿐이라는 것을 기억하자.

아이의 회복탄력성과 균형 잡힌 성장을 믿고 기다릴 때 우리는 진정으로 아이를 성장시키는 부모가 된다. 넘어져도 다시 중심을 잡고 일어서는 아이들의 모습을, 오늘도 사랑과 신뢰로 지켜봐 주길 바란다. 아이의 성장은 부모의 신뢰와 기다림 속에서 스스로 빛나는 하나의 아름다운 작품이 되어 가는 것이다.